Solo nosotros

Solo nosotros

Una conversación estadounidense

CLAUDIA RANKINE

Traducción de Cecilia Pavón

Editorial Siete Cuentos/Seven Stories Press

New York • Oakland • London

Título original: *Just Us. An American Conversation*

© 2020, Claudia Rankine
© 2021, Eterna Cadencia s.r.l.
© 2021, Cecilia Pavón, de la traducción

Primera edición: enero de 2023

Publicado con el consentimiento de Graywolf Press en asociación
con Casanova & Lynch Literary Agency, S.L.

Publicado por
Seven Stories Press/Editorial Siete Cuentos
140 Watts Street
New York, NY 10013
www.sevenstories.com

ISBN 978-1-64421-158-8 (paperback)

Library of Congress Cataloging-in-Publication Data

Names: Rankine, Claudia, 1963- author. | Pavón, Cecilia, 1972- translator.

Title: Solo nosotros : una conversación estadounidense / Claudia Rankine ;
traducción de Cecilia Pavón.
Other titles: Just us. Spanish
Description: New York : Seven Stories Press, [2022] | Includes index.
Identifiers: LCCN 2022011019 | ISBN 9781644211588 (paper) | ISBN
9781644211595 (e-book)
Subjects: LCSH: White people--Race identity--United States. | United
States--Race relations--21st century. | African Americans--Social
conditions--21st century. | United States--Social conditions--21st
century.
Classification: LCC E184.A1 R33818 2022 | DDC 305.800973--dc23/eng/20220321

9 8 7 6 5 4 3 2 1

Te acercas hasta ahí buscando justicia,
es lo que encuentras, solo nosotros.

RICHARD PRYOR

Cuando nos definimos, cuando me defino, el lugar
donde soy como tú y el lugar donde no soy como tú,
no estoy excluyéndote de la participación: estoy
ensanchando la participación.

AUDRE LORDE

Para Nosotros

y si

i

¿Qué significa querer
que un antiquísimo
llamado al cambio
no cambie

y al mismo tiempo,
sentirse amenazado
por el llamado al cambio?

¿Cómo se le dice vergüenza a un llamado al cambio,
cómo se le dice penitencia, cómo se le dice castigo?

¿Cómo decimos

y si

sin reproche? La raíz

de castigo es purificar.
Esa imposibilidad: ¿es eso lo que
que repele y no

el llamado al cambio?

ii

No hay resignación en mi voz cuando digo que me siento
más lenta, calculando como una máquina
los niveles de mi respuesta. Por dentro,
siento tanto dolor que pienso que no hay otra salida que soltarlo

entonces hago preguntas como sé hacer
en la soledad de mi interrogatorio.
Lo que está quieto es verdadero; no hay siquiera un temblor
cuando una está tan borrada de la historia.

Podría construir un contenedor para transportar este ser,
un contenedor para agarrarlo todo, pero nosotros nunca tuvimos
que ver con lo completo; nunca íbamos a estar enteros.

Entonces, en tus considerados pensamientos, permanezco rota,
desconocida, prolongando
una oración: aquí, estoy aquí.
Como te he conocido, como nunca te conoceré,

estoy aquí. Sea lo que sea
que se exprese, y si,
aquí estoy a la espera, esperándote

en el y si, en las preguntas,
en los condicionales,
en los imperativos: y si.

iii

¿Y si durante el té, y si durante nuestras caminatas, y si
en el largo bostezo de la niebla, y si en el largo centro
de la espera, y si en el pasaje, en el y si
que nos lleva cada día hacia las estaciones, y si
en la renovada resiliencia, y si en la perpetuidad,
y si en una vida de conversaciones, y si
en la claridad de la consciencia, y si nada cambia?

iv

¿Y si eres responsable más de salvar que de cambiar?

¿Y si eres la destrucción corriendo bajo
tu lenguaje de salvador? Eso, ¿no es también algo jodido?

Dices, si otras personas blancas no hubieran… o si hubiera parecido
no suficiente… yo habría…

Y si –el repetitivo llamado de y si– es solo considerado repetitivo
cuando el y si deja mis labios, cuando y si es pronunciado
por aquellos a quien nadie escucha, y si

y si es el cemento de la insistencia
cuando insistes con y si
esto es.

v

Qué es lo que queremos mantener consciente, que permanezca
conocido, incluso como decimos, cada uno a su manera, yo amo
yo sé yo me contraigo yo recibo preguntas yo también yo reacciono
yo huelo yo siento yo pienso me han dicho que recuerdo yo veo
yo no veía yo pensé yo sentí yo me equivoqué yo sospecho yo estaba haciendo yo estoy segura yo leo yo debía yo no habría yo había yo debería haber yo sentí yo podría haber yo nunca yo estoy
segura yo pregunto...

Tú dices y yo digo pero ¿qué
es lo que estamos diciendo, sobre qué

estamos queriendo saber aquí?

vi

Y si lo que quiero de ti es nuevo, recién hecho
una nueva frase en respuesta a todas mis preguntas,

un viraje en nuestra relación y las palabras que nos llevan,
el cuidado que se sostiene. Estoy aquí sin ningún gesto de
desdén,
intentando entender cómo lo que quiero
y lo que quiero de ti corren paralelamente...

justicia y las oportunidades para solo nosotros.

espacios liminales i

Texto *¿Qué son las Shirley Cards y cómo determinaban cuál era el balance correcto del tono de piel?*

Notas y fuentes Lorna Roth, "Looking at Shirley, the Ultimate Norm: Colour Balance, Image Technologies, and Cognitive Equity" [Mirando a Shirley, la norma principal: balance del color, tecnologías de la imagen y equidad cognitiva], *Canadian Journal of Communication*: "'El balance del color de piel' en la impresión fotográfica hace referencia históricamente a un proceso en que una tarjeta de normas de referencia que muestra a una mujer 'caucásica' con un vestido colorido de alto contraste es usada como la base para medir y calibrar los tonos de piel en la fotografía a imprimir. Los tonos de piel claros de estas mujeres (bautizados 'Shirley' por usuarios masculinos de la industria según el nombre de la primera modelo de las tarjetas de prueba de color) han sido el estándar de piel ideal para la mayoría de los laboratorios de fotografía analógica de América del Norte desde comienzos del siglo xx y siguen funcionando como la norma dominante".

Véase también Estelle Caswell, "Color Film Was Built for White People. Here's What It Did to Dark Skin" [La película fotográfica de color fue hecha para las personas blancas. Esto es lo que le hizo a la piel oscura], *Vox*, y Sarah Lewis, "The Racial Bias Built into Photography" [El prejuicio racial insertado en la fotografía], *The New York Times*.

En los primeros días de la campaña electoral de 2016, yo estaba empezando a preparar una clase sobre la blanquitud para la Universidad de Yale donde hacía poco había comenzado a trabajar. A lo largo de los años, terminé por darme cuenta de que con frecuencia no compartía ciertos conocimientos históricos con las personas con las que estaba hablando. "¿Qué es el *redlining*?",[1] preguntaba alguien. "¿George Washington liberó a sus esclavos?", consultaba alguien más. ¿Qué son las Shirley Cards y cómo determinaban cuál era el balance correcto del color de piel?, quería saber otra persona. Pero aquella primavera, al escuchar la retórica incendiaria de Donald Trump durante la campaña, la clase adquirió una nueva dimensión. ¿Entenderían mis estudiantes la larga historia que había detrás de un comentario como el que hizo Trump cuando anunció su candidatura presidencial? "Cuando México envía a su gente, no envía lo mejor", dijo. "Envían personas que tienen muchos problemas y que nos traen esos problemas a nosotros. Traen drogas. Traen delincuencia. Son violadores". Cuando escuché esas palabras, pensé en pedirles a mis estudiantes que hicieran una revisión de las leyes de inmigración en Estados Unidos. ¿Conectarían el actual tratamiento que se les daba a los mexicanos tanto documentados como indocumentados con el que se les dio a irlandeses, italianos y asiáticos durante el siglo pasado?

Para preparar la clase, necesitaba comprender y desarmar lentamente la forma en que se creó la blanquitud. ¿Cuál fue el desarrollo desde la Ley de Naturalización de 1790, que restringía la ciudadanía a "cualquier extranjero que sea una persona blanca libre", hasta llegar a nuestras múltiples leyes inmigratorias? ¿Qué fue necesario para separar el concepto de ciudadanía de la frase "persona blanca libre"?

---

[1] En Estados Unidos, *redlining* (en español "trazar una línea roja") es la negación sistemática de varios servicios por parte de organismos del gobierno federal, gobiernos locales y el sector privado, puede ser directamente o a través del aumento selectivo de precios. En la década de 1960, el sociólogo John McKnight creó el término *redlining* para describir la práctica discriminatoria de demarcar zonas donde los bancos evitaban inversiones debido a la demografía del lugar. [N. de la T.]

Texto "Dada la aparente novedad de esa escritura blanca y la urgencia por entender el apoyo blanco a Ronald Reagan, 'los estudios críticos de la blanquitud' llamaron la atención de los medios y comenzaron a establecerse en las universidades".

Notas y fuentes Daniel Wallis/Reuters, "Audio reveals Ronald Reagan calling African delegates 'monkeys'" [Una grabación revela a Ronald Reagan llamando 'monos' a los delegados africanos]: "En una grabación de audio de 1971, se escucha al entonces gobernador de California, Ronald Reagan, decirles despectivamente 'monos' a los delegados africanos en las Naciones Unidas durante una llamada telefónica con el Presidente de Estados Unidos Richard Nixon... 'Ver a esos monos de esos países africanos, malditos sean, se puede escuchar decir a Reagan, después Nixon suelta una carcajada. 'Se los nota incómodos usando zapatos'". En la elección presidencial de 1984, cuarenta y nueve estados de cincuenta votaron a Reagan.

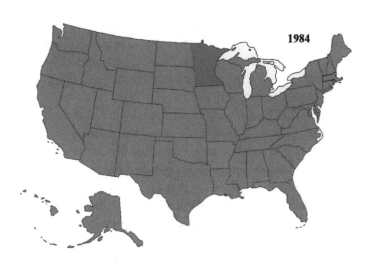

¿Cuál fue la trayectoria del Ku Klux Klan después de su formación al final de la Guerra Civil, y qué relación tuvo con los Códigos Negros, esas leyes aprobadas posteriormente en los estados del sur para restringir las libertades de las personas negras? ¿El gobierno de Estados Unidos bombardeó la comunidad negra en Tulsa, Oklahoma, evento también conocido como la masacre de Black Wall Street en 1921? ¿Cómo se volvieron blancos los italianos, los irlandeses y los eslavos? ¿Por qué la gente cree que los abolicionistas no podían ser racistas?

Quería que mis estudiantes tomaran consciencia de que existía un cuerpo de trabajos realizados por sociólogos, teóricos, historiadores e investigadores de la literatura en un campo conocido como "los estudios de la blanquitud". Los pilares de esta disciplina incluyen obras como *Jugando en la oscuridad. El punto de vista blanco en la imaginación literaria,* de Toni Morrison; *The Wages of Whiteness* [Los salarios de la blanquitud] de David Roediger; *Whiteness of a Different Color: European Inmigrants and the Alchemy of Race,* [Una blanquitud de un color diferente: Inmigrantes europeos en la alquimia de la raza] de Matthew Frye Jacobson; *White* [Blanco] de Richard Dyer y *La historia de los blancos*, de Nell Irvin Painter. Roediger, un historiador, me había explicado el desarrollo de la disciplina con la que yo quería que mis alumnos se involucraran a través de las siguientes palabras: "Durante la década de 1980 y los comienzos de la de 1990, se publicaron importantes libros sobre las complejidades y los costos de la identidad blanca escritos por Toni Morrison y James Baldwin, junto a nuevos trabajos de escritores y activistas blancos que se hacían preguntas similares desde el punto de vista histórico. Dada la aparente novedad de esa escritura blanca y la urgencia por entender el apoyo blanco a Ronald Reagan, 'los estudios críticos de la blanquitud' llamaron la atención de los medios y comenzaron a establecerse en las universidades". Esta área de estudio tenía el objetivo de hacer visible una historia de la blanquitud que, a través de su asociación con la "normalidad" y la "universalidad", ocultaba su omnipresente poder institucional.

Mi clase terminó llamándose Construcciones de la blanquitud, y durante los dos años que la he dado, muchos de mis estudiantes (de

casi todas las razas, identidades de género y orientaciones sexuales) les han hecho preguntas a personas blancas en el campus o en sus familias sobre cómo piensan que la historia estadounidense se relaciona con la blanquitud. Algunos estudiantes simplemente querían saber cómo algunos de sus pares definían su propia blanquitud. Otros se sentían mal por el racismo de los miembros de sus propias familias y querían entender cómo y por qué ciertos prejuicios se habían formado. Otros, además, querían mostrar el impacto de las expectativas blancas en sus vidas.

Quizás, es por eso que un día en New Haven, con la vista clavada en el semicírculo del robles de mi jardín, me pregunté qué significaría interrogar al azar a hombres blancos sobre cómo entendían su privilegio. Me imaginé a mí misma –una mujer negra de mediana edad– acercándome a extraños para hacerlo. ¿Acaso reaccionarían como el jefe de la policía de Plainfield, Indiana, cuando, durante una sesión de capacitación sobre diversidad, una colega mujer le dijo que él se beneficiaba del "privilegio del hombre blanco"? Se enojó y la acusó de utilizar una calumnia racializada en su contra. (Ella recibió una licencia con goce de haberes y en su expediente indicaron un llamado de atención). ¿A mí también iban a acusarme? ¿Iba a escucharme a mí misma preguntar sobre el privilegio del hombre blanco y después iba a observar a los hombres blancos alejarse de mí como si yo no hubiera abierto la boca? ¿Iban a pensar que trabajaba para Trevor Noah, Stephen Colbert o Chelsea Handler[2] y que me había olvidado de traer el equipo de filmación? El comentario permanente en nuestro clima político actual es que todos necesitamos conversar con personas con las que normalmente no lo hacemos, y aunque mi esposo es blanco, siempre me fue fácil ponerme a conversar con extraños de todo tipo excepto con hombres blancos. Rara vez ellos me buscaban para darle a la lengua, y yo tampoco los buscaba a ellos. Tal vez este fuera el momento para hacerlo, incluso si mis fantasías sobre esos encuentros parecían excéntricas. Quería intentarlo.

[2] Comediantes de la televisión estadounidense. [N. de la T.]

25

Texto ¿Entendía él que hoy el 64 por ciento de los funcionarios elegidos son hombres blancos, a pesar de que solo constituyen el 31 por ciento de la población estadounidense? Los hombres blancos han ostentado casi todo el poder en este país durante cuatrocientos años.

Verificación de hechos Quizás. 62 por ciento y 30 por ciento son las cifras actualizadas del estudio Reflective Democracy. El estudio parece fiable.

2019: Datos demográficos del poder político

Censo de Estados Unidos

Funcionarios elegidos
en Estados Unidos

MUJERES
DE COLOR
4%

HOMBRES
BLANCOS
30%

MUJERES
DE COLOR
20%

HOMBRES
DE COLOR
19%

MUJERES
BLANCAS
31%

MUJERES
BLANCAS
27%

HOMBRES
BLANCOS
62%

HOMBRES
DE COLOR
7%

Reflective Democracy Campaign

Semanas después, me di cuenta de que tiendo a estar rodeada de hombres blancos que no conozco cuando me encuentro de viaje, atrapada en lugares que son esencialmente no lugares: entre dos puntos, en camino, en el aire. Mientras cruzaba Estados Unidos, Europa y África dando charlas sobre mi trabajo, me encontré pensando en estos hombres blancos que pasaban horas conmigo en aeropuertos y aviones. Me daba la impresión de que constituían el porcentaje más alto de hombres de negocios en los espacios liminales en los que esperábamos. Que yo estuviera entre ellos en salas de espera de aeropuertos y en cabinas de primera clase hablaba en parte de mi propio privilegio económico, pero el precio de mi pasaje de avión, por supuesto, no se traduce en capital social. Siempre supe que para los ojos de nuestra cultura, mi valor está determinado por el color de mi piel antes que por cualquier otra cosa. Y eso se cumple también para los hombres blancos a mi alrededor. Quizás esos hombres blancos viajeros pudieran contestar mis preguntas sobre el privilegio blanco. Estaba segura de que, como mujer negra, tenía que haber algo que yo no entendía.

Hacía muy poco, un amigo que no había obtenido el trabajo para el que se había postulado, me dijo que, como hombre blanco, estaba absorbiendo los problemas del mundo. Lo que quería decir es que lo estaban castigando por el color de su piel. Quería que yo supiera que él entendía que esa era una carga que tenía que soportar. Yo quería decirle que tenía que pensar en los efectos a largo plazo en la historia del mundo laboral, dados los desequilibrios que habían creado generaciones de prácticas de contratación antes que él. ¿Pero eso realmente iba a hacerlo sentir mejor? ¿Entendía él que hoy el 64 por ciento de los funcionarios elegidos son hombres blancos, a pesar de que solo constituyen el 31 por ciento de la población estadounidense? Los hombres blancos han ostentado casi todo el poder en este país durante cuatrocientos años.

Yo sabía que mi amigo estaba intentando comunicarme su esfuerzo por encontrar una forma de entender la complicada estructura estadounidense que nos contiene a los dos. Quería preguntarle si su esperanza de conseguir el puesto era un signo de su privilegio pero,

Traci Blackmon está 🛫 viajando a Charlotte desde Cleveland Hopkins International Airport (CLE).

4 de mayo de 2019 · Cleveland, Ohio

#wheelsup
En la fila para embarcar.
Soy la primera.
Un hombre de medio oriente es el segundo.
La fila continúa después de nosotros dos.
Justo antes de embarcar, una mujer blanca de entre cuarenta y cincuenta años pasa por mi costado con aires de superioridad diciendo "disculpe".

Después se coloca delante de mí en la fila. Yo reacciono. ¿Usted tiene un pasaje de primera clase? Y ella sonríe y dice "sí".

Yo respondo: yo también. Siento curiosidad, si no le molesta que le pregunte. Qué hizo que usted supusiera que yo no era una pasajera de primera clase y que por esa razón tenía que estar antes que yo en la fila.

Su cara se puso roja. Entonces seguí.

Pensé que quizás fuera mi ropa poco formal. Quiero decir, tengo unos jeans rotos y una remera. Quizás usted pensó que una persona vestida de esta forma no estaría en primera clase. Pero después me di cuenta de que usted tiene puesto un equipo deportivo suelto. Estoy tratando de entender cuál podría ser la razón.

"No me di cuenta. Le pido disculpas", dice mientras junta sus cosas y se prepara para moverse. Y después se pone detrás de mí.

Miré inquisitivamente al hombre de medio oriente. Se encogió de hombros. Entonces dije elevando la voz: Señor, ¿usted también tiene un pasaje de primera clase? Por su aspecto no puedo darme cuenta. Pero supongo que como está aquí parado junto a mí, puede leer y está en el lugar que le corresponde.

Otra vez. Ella toma sus bolsos, se mueve. Y contesta que no sabía.

Unos minutos después. Se acerca para decirme lo lindos que son mis zapatos. Imagino que se ha dado cuenta del error en su forma de comportarse y quiere que yo sepa que ella sí ve… mis zapatos.

Les digo.
Esta mierda cansa.
¡¡¡Pero 👏 todas 👏 las 👏 veces 👏 les 👏 voy 👏 a 👏 enseñar!!!

Ni siquiera me gusta todo el asunto de la primera clase. Me la dieron por la frecuencia con la que viajo. Y no la estoy pagando yo. Pero quizás empiece a hacerlo. ¡¡¡Solo como un acto de resistencia!!!

dado que había perdido una oportunidad laboral, decidí que mi rol como amiga probablemente demandaba otras respuestas.

Después de una serie de conversaciones casuales con mis hombres blancos viajeros, ¿iba a llegar a comprender el privilegio blanco de alguna forma diferente? Ellos no podían saber cómo es ser como yo, aunque quien soy es en parte una respuesta a quiénes son ellos, y yo realmente no creía entenderlos incluso si ellos determinaban gran parte de lo que era posible en mi vida y en la vida de otros. Pero como solamente he vivido como yo misma, una persona que regularmente debe negociar el rechazo, la invisibilización, la falta de respeto y el abuso conscientes e inconscientes, me hundí en mis meditaciones en silencio. Como siempre, dudé.

Dudé cuando estaba haciendo la fila en un vuelo nacional y un hombre blanco se puso delante de mí. Estaba con otro hombre blanco. "Perdón", dije. "Yo estoy en esta fila". Se puso detrás de mí, pero no sin antes decirle a su compañero de viaje: "En estos tiempos, uno nunca sabe a quién dejan pasar a primera clase".

¿Lo que había dicho era un movimiento defensivo para disimular su grosería y su vergüenza, o se trataba solo de un chiste? Quizás, él también había escuchado una de las muchas anécdotas aparecidas recientemente en las redes sociales en las que una mujer negra contaba cómo una mujer blanca se le ponía delante en la fila del embarque. En una de esas historias, la mujer blanca respondía que esa era la fila para la primera clase. En otra, simplemente decía "disculpe" y se insertaba delante de la mujer negra. ¿El comentario del hombre

Hija de mujer negra: "No se atreva a callarla".

Hombre blanco: "No me diga qué hacer. Si le digo que salga, ella tiene que salir.

Hija de mujer negra: ¡No, no lo hará! [dirigiéndose a la azafata] ¿Puede decirle que se calme?, es grosero que se dirija a ella de esa forma, ¿quién diablos es usted, viejo de mierda?

Hombre blanco: "Le diré que espero que alguien se siente ahí porque yo no me quiero sentar junto a su cara enferma su cara fea y jodida".

Azafata: "Disculpe, señora, perdone, ¿quiere cambiar de asiento?".

Hombre blanco: "Póngala en otro asiento. Es educado que salga. No puedo llegar a mi asiento" [inaudible]

Mujer negra: [dirigiéndose a la azafata] "Está bien, está bien, no hay problema. [dirigiéndose al hombre blanco anónimo] Usted huele mal, necesita un baño".

Hombre blanco: "Le aviso que si no se cambia de asiento yo voy a arrastrarla hacia otro asiento".

Pasajero en la hilera de atrás: "Basta, basta, basta".

Pasajero en la hilera de atrás: "Dejen de dirigirse la palabra".

Hombre blanco [dirigiéndose a la mujer]: "No me hable en un jodido idioma extranjero, yegua estúpida y desagradable".

Pasajero en la hilera de atrás: "Amigo, basta, por favor".

Hombre blanco: "Seguiré todo lo que pueda con esta negra horrible de mierda".

era una referencia aguda a esas anécdotas? Pero no se estaba riendo, ni un poco. Expresión impávida.

Un tiempo después, cuando hablé de este momento con mi terapeuta, ella me dijo que pensaba que el hombre había dicho eso dirigiéndose a su compañero, no a mí. Yo no era importante para él, me dijo. Para empezar, esa es la razón por la que pudo avanzar en la fila delante de mí. Su sentimiento de vergüenza, si es que eso es lo que fue, estaba completamente relacionado con cómo lo veía la persona que sí importaba: su compañero blanco. Yo estaba permitiéndome tener demasiada presencia en su imaginación, dijo. ¿Eso tenía que servirme de consuelo? ¿Mi invisibilidad total era preferible a un insulto dirigido a mí?

Durante el vuelo, cada vez que sacaba algo del compartimento superior, miraba hacia donde estaba yo. Cada vez que lo hacía, yo levantaba la vista de mi libro y le sonreía: me gusta pensar que no me falta el sentido del humor. Intenté imaginar qué efecto tenía en él mi presencia. En algún punto, pensé, debo haber enturbiado su narración del privilegio blanco asegurando espacios blancos. En mi clase, había dado "Whiteness as Property" [La blanquitud como propiedad], un artículo publicado en *Harvard Law Review* en 1993, donde la autora, Cheryl Harris, argumenta que "el conjunto de supuestos, privilegios y beneficios que acompañan el estatus de ser blanco se transformaron en un valioso activo que los blancos buscan proteger". Esas son las suposiciones del privilegio y la exclusión que han llevado a tantos estadounidenses blancos a llamar a la policía frente a personas negras que intentan entrar a sus propias viviendas y sus propios vehículos. La descripción racial se vuelve otro método aceptado para segregar el espacio. Harris continúa explicando cuánto significan estos beneficios para los blancos, tanto que sus expectativas les dan forma a las interpretaciones de nuestras leyes. Las leyes "Quédate donde estás", por ejemplo, significan que los blancos pueden alegar que el miedo les hizo matar a una persona negra desarmada.

El mismo miedo defensivo les permitió a muchos policías que mataron a negros desarmados seguir trabajando y jubilarse. O las leyes de

Texto *La frase "privilegio blanco" fue popularizada en 1988 por Peggy McIntosh, una profesora de Wellesley College que quería definir "los sistemas invisibles que otorgaban dominancia racial en mi grupo".*

Verificación de hechos Sí. El término fue puesto en circulación con anterioridad a McIntosh.

Notas y fuentes Theodore W. Allen dirigió un análisis de lo que él llamó, de diversas maneras, "privilegio de la piel blanca", "privilegio de la raza blanca" y "privilegio blanco" en las décadas de 1960, 1970 y 1980. Véase su texto *The Invention of the White Race* [La invención de la raza blanca]. Para una discusión a fondo del uso del término con anterioridad a McIntosh, véase Jacob Bennett, "White Privilege: A History of the Concept" [El privilegio blanco: una historia del concepto] (tesis de maestría, Georgia State University, 2012), https://scholarworks.gsu.edu/history_theses/54.

registro de votantes que en ciertos estados pueden funcionar como leyes Jim Crow[3] de facto. "Las leyes estadounidenses", escribe Harris, "han reconocido un interés en la blanquitud como propiedad".

En el avión, yo quería representar una nueva narrativa que incluyera la blanquitud del hombre blanco que se me había puesto delante en la fila. Sentía que su blanquitud tenía que ser un componente de lo que ambos entendíamos sobre él, a pesar de que su blanquitud no constituía la totalidad de lo que él era. Su comprensión inconsciente de la blanquitud significaba que el espacio que yo habitaba tenía que ser solamente de él. El guion antiguo habría dejado su blanquitud sin reconocer en mi consideración de su desaire. Pero un hombre irrespetuoso y un hombre blanco irrespetuoso se basan en diferentes presupuestos. Como cuando una persona blanca confrontada con un ser humano negro real necesita negociar estereotipos de la negritud para poder llegar a la persona que tiene parada enfrente, yo esperaba darle al hombre el mismo tipo de cortesía pero al revés. Ver su blanquitud significaba que yo entendía mi presencia como una degradación inesperada para él. Era una lástima que se sintiera así. De todas formas, me pregunté, ¿qué es este "atascamiento" en las jerarquías raciales que rechaza la neutralidad de los cielos? Tuve la esperanza de encontrar una manera de tener esa conversación.

La frase "privilegio blanco" fue popularizada en 1988 por Peggy McIntosh, una profesora de Wellesley College que quería definir "los sistemas invisibles que otorgaban dominancia racial en mi grupo". McIntosh entendió que ella se beneficiaba de los supuestos y las políticas jerárquicas simplemente porque era blanca. Hubiera preferido que en lugar de "privilegio blanco" hubiera usado el término "vida blanca", porque "privilegio" sugería que la dominancia blanca estaba atada a lo económico. Sin embargo, la frase cuajó. El título de su

---

[3] En Estados Unidos, las leyes Jim Crow fueron promulgadas por las legislaturas estatales blancas después del período de Reconstrucción entre 1876 y 1965. Estas leyes propugnaban la segregación racial en todas las instalaciones públicas y se aplicaban a los afroestadounidenses y a otros grupos étnicos no blancos. [N. de la T.]

ensayo, "White Privilege and Male Privilege: A Personal Account of Coming to See Correspondences through Work in Women's Studies" ["Privilegio blanco y privilegio masculino: Un recuento personal sobre llegar a ver las correspondencias a través del trabajo en los estudios de la mujer"] era una especie de trabalenguas. McIntosh enumeró cuarenta y seis formas en que se realiza el privilegio blanco. "Número 19: Puedo hablar en público a un poderoso grupo masculino sin que juzguen mi raza"; "Número 20: Puedo destacarme en una situación exigente sin que digan que eso habla bien de mi raza"; "Número 27: Puedo ir a casa después de la mayoría de las reuniones de las organizaciones a las que pertenezco sintiéndome de alguna forma relacionada en lugar de aislada, fuera de lugar, superada en número, no escuchada, mantenida a distancia o temida"; "Número 36: Si mi día, semana o año van mal, no necesito preguntarme si cada episodio o situación negativa tuvo o no connotaciones raciales". No está claro por qué McIntosh se detuvo en el número 46, salvo como una forma de decir: "Ustedes se ya dan una idea". Los estudiantes pudieron agregar sus propios ejemplos fácilmente.

Mis alumnos y yo también estudiamos el trabajo del documentalista blanco Whitney Dow. En los últimos años, Dow ha sido parte del Interdisciplinary Center for Innovative Theory and Empirics (INCITE) de la Universidad de Columbia que reunió datos sobre más de ochocientas cincuenta personas que se identificaron en su gran mayoría como blancas o parcialmente blancas y las comunidades en que vivieron. Filmó más de un centenar de sus historias orales. Este trabajo, como el de McIntosh, fue otra forma de abordar la cotidianeidad del pensamiento jerárquico blanco. Le pregunté a Dow lo que aprendió en sus conversaciones con hombres blancos. "Están luchando por construir una narrativa justa para ellos a medida que va llegando nueva información, y tienen que reestructurar y remodelar sus propias narrativas y se quedan cortos", dijo. "Yo me incluyo en lo que acabo de afirmar", agregó después de un momento. "Estamos viendo la deconstrucción del arquetipo del hombre blanco. El actor individual sobre el gran escenario siempre tuvo el apoyo de un gobierno genocida, pero la narrativa actual no es la narrativa con la que crecimos. Adaptarse es un desafío".

Extracto de una conversación entre Manthia Diawara y Édouard Glissant a bordo del *Queen Mary II* (agosto de 2009)

Manthia Diawara

Viajamos a bordo del *Queen Mary II*, de camino a Nueva York desde Southampton. ¿Por qué un barco, cuando hubiera sido más fácil y rápido viajar en avión?

Édouard Glissant

Desde que comencé a tener problemas cardíacos, no he podido tomar vuelos de larga distancia. Y como son ocho horas y media de París a Fort-de-France, me veo obligado a tomar el barco, y este es prácticamente el único que hace viajes regulares. Todo es bastante ambiguo, porque uno pensaría que un barco es un símbolo de comodidad y tranquilidad, pero en mi opinión es todo lo contrario. Más bien es un símbolo de recuperar el tiempo perdido; el tiempo que no puedes dejar escapar o huir, esos momentos en que quedas atrapado en cosas: no puedes huir o correr hacia cualquier parte. Me parece que en cualquier tipo de barco puedes estar más cerca de ti mismo, mientras que un avión estás realmente separado de ti mismo, no eres tú mismo, eres otra cosa. Y no lo digo en broma –y no soy el único–, no es normal que una persona esté suspendida en el aire incluso si el ser humano siempre ha soñado con ser un pájaro. En consecuencia, tomo este barco regularmente cuando tengo que ir a Martinica o a Nueva York...

MD Un barco implica una salida del punto A y una llegada al punto B. En este contexto, es una partida para los africanos que son capturados por primera vez y forzados a subirse a un barco. ¿Qué significa la partida para ti?

ÉG Es el momento en que uno consiente en no ser un solo ser e intenta ser muchos seres al mismo tiempo. En otras palabras, para mí cada diáspora es el paso de la unidad a la multiplicidad. Creo que eso es lo importante en todos los movimientos del mundo, y nosotros, los descendientes, que hemos llegado de la otra orilla, nos equivocaríamos si nos aferráramos ferozmente a esa singularidad que aceptó salir al mundo. No olvidemos que África ha sido la fuente de todo tipo de diásporas, no solo la diáspora forzada impuesta por Occidente a través del comercio de esclavos, sino también de millones de otras diásporas anteriores que poblaron el mundo. Una de las vocaciones de África es ser una especie de unidad fundacional que se desarrolla y se transforma en diversidad. Y me parece que si no pensamos en eso correctamente no seremos capaces de entender qué podemos hacer nosotros mismos como participantes en esta diáspora africana para ayudar al mundo a realizar su verdadero ser, en otras palabras su multiplicidad, y a respetarse a sí mismo como tal.

Las entrevistas, recogidas en el informe inicial de INCITE, *Facing Whiteness* [Frente a la blanquitud] al que se puede acceder en el sitio web de la Universidad de Columbia, varían mucho en términos de conocimiento de la historia y las experiencias estadounidenses. Un entrevistado declara: "El primer dueño de esclavos en Estados Unidos fue un hombre negro. ¿Cuánta gente lo sabe? Los esclavos que fueron traídos a América se los vendieron los negros a los blancos. Entonces, no siento que les debamos ningún privilegio especial diferente al que tenga cualquier otra raza". Mientras este entrevistado niega cualquier privilegio, otro ha llegado a ver que su condición de blanco posibilita su movilidad en América: "Tengo que aceptar la realidad de que por ser hombre seguramente tuve alguna clase de ventaja en alguna situación, haya sido o no yo consciente en el momento". Añadió: "A medida de que pasa el tiempo y adquiero experiencia dentro de las fuerzas de seguridad y me vuelvo más consciente del mundo que me rodea, noto con mayor claridad que el hecho de ser de ascendencia anglosajona, ser hombre y estar en una zona rural de Estados Unidos (y por defecto poblada mayoritariamente por blancos) me otorga ventajas". Este entrevistado, según Dow, había sido "bastante aislado por sus compañeros a causa de su progresismo" en su lugar de trabajo. A pesar de que reconoce su privilegio, de todas formas indica, mediante el uso de palabras como "probablemente" y frases como "y por defecto poblada mayoritariamente por blancos", que cree que el privilegio de los blancos está en juego solamente en determinadas circunstancias. Si hubiera comprendido por completo su posición, entendería que el privilegio blanco incluye protección y ventajas sin importar en qué parte del país viva, qué trabajo tenga o cuánto dinero gane.

¿Qué tan enojada podía estar yo con el hombre blanco en el avión, el que me miró cada vez que se puso de pie de la manera en que miras una piedra con la que tropezaste? Entendí que el comportamiento del hombre tenía que ver con su socialización. Mi propia socialización también me había preparado, de muchas maneras, para encontrarme con él. No estaba abrumada por nuestro encuentro porque mi negritud equivale al consentimiento de "no ser un solo ser". Esta frase, escrita originalmente por el autor antillano Édouard Glissant, pero que

volví a encontrar en la reciente obra del poeta y teórico Fred Moten, indica que puedo rechazar los estereotipos de negritud del hombre blanco, incluso interactuando con esos estereotipos. Lo que yo quería era saber qué vio o dejó de ver el hombre blanco cuando se me adelantó en la fila para embarcar.

Es difícil existir y también aceptar mi falta de existencia. Frank Wilderson III, director del departamento de Estudios Afroamericanos de la Universidad de California en Irvine, toma prestado de Orlando Patterson el término sociológico "muerte social" para explicar mi estatus de "estar pero no estar" en una sociedad históricamente antinegros. La indignación –y si somos generosos, el bochorno que llevó al hombre blanco a hacer ese comentario– fue una reacción ante lo nunca antes visto que tenía lugar; el espacio mismo es uno de los privilegios sobreentendidos de la blanquitud.

Antes de que las aerolíneas decidieran que los viajeros frecuentes no necesitaban pararse en fila, un beneficio que ahora poseo, estaba esperando en otra fila para acceder a otro avión en otra ciudad, cuando un grupo de hombres se acercó. Cuando se dieron cuenta de que iban a tener que ponerse detrás de unas diez personas que ya estaban en la fila, simplemente formaron su propia fila al lado. Le dije al hombre blanco parado frente a mí: "Bien, esa es la cúspide del privilegio del hombre blanco". Él se rio y siguió sonriendo hasta que llegó a su asiento. Me deseó un buen vuelo. Habíamos compartido algo. No sé si eso había sido lo mismo para los dos –el mismo reconocimiento de estar racializado en el mundo–, pero yo podía vivir con esa forma cortés de ininteligibilidad.

Esos hombres de traje que se rehusaban a ponerse en la fila me parecieron divertidos y eufóricos (y también odiosos). Verlos era como mirar una obra de teatro espontánea sobre el privilegio del hombre blanco en un solo acto. Valoré el teatro. Uno o dos de ellos se rieron entre dientes de su propia audacia. La empleada en la puerta de embarque realizó una suerte de *check-in* al unir la fila recién formada con la verdadera fila. La gente en mi fila, casi todos blancos y hombres,

roxane gay ✓
@rgay

Following ⌄

Man behind me is loudly speculating as to whether or not I am supposed to be in the sky prioroty line. And I saw his boarding pass. We are not in the same section of the plane, ahem.

7:07 AM - 29 Dec 2018

106 Retweets **5,484** Likes

💬 101   🔁 106   ♡ 5.5K   ✉

Tweet your reply

Barry Jenkins ✓ @BarryJenkins · 23h   ⌄
Replying to @rgay
All. De. Damn. Time.
💬 1   🔁 2   ♡ 292   ✉

2 more replies

El hombre detrás de mí está haciendo especulaciones en voz alta sobre si tengo que estar o no en la fila de viajeros con prioridad. Y vi su tarjeta de embarque. No estamos en la misma sección del avión, ejém.

(tuit de Barry Jenkins en respuesta a @rgray):
Todo. El. Jodido. Tiempo.

por su parte, también se sintieron perplejos, pero al mismo tiempo se resignaron. Después de observar esta escena, la archivé para usarla como un ejemplo en mi clase. ¿Cómo leerían mis estudiantes este momento? Algunos, sin duda, iban a enfurecerse con la empleada blanca en la puerta de embarque que lo permitió. Yo preguntaría por qué es más fácil enojarse con ella que con el grupo de hombres. Porque ella no reconoce ni utiliza su poder institucional, podría decir alguien. En base a clases anteriores, yo podría suponer que los estudiantes hombres y blancos se distanciarían rápidamente de los hombres en la puerta de embarque; la solidaridad blanca no tiene lugar en una clase que se propone hacer visibles las posiciones predeterminadas de la blanquitud.

Como profesora, sentí que esta era una narrativa que podía ayudarme a estimar el nivel de reconocimiento del privilegio blanco en la clase, porque otras personas blancas también se sentían incomodadas por el accionar de este grupo de hombres. Los estudiantes no se iban a distraer con "el abuso de las minorías" por parte de la sociedad porque todos parecían incomodados. Algunos estudiantes, sin embargo, iban a querer ver el momento como marcado por el género y no racializado. Entonces yo les preguntaría si podían imaginarse a un grupo de hombres negros realizando esta acción sin que los hombres blancos en mi fila les respondieran, o la empelada de la puerta de embarque les preguntara al menos si estaban en su derecho.

Me sentía cada vez más frustrada conmigo misma por evitar hacer mi pregunta, me cuestioné si la segregación presunta en la propia vida blanca no tendría que haber sido el número 47 en la lista de McIntosh. Solo hazlo, me dije a mí misma. Simplemente, pregúntale a cualquier tipo blanco al azar qué siente respecto de su privilegio.

En mi siguiente vuelo, estuve cerca de hacerlo. Yo era una mujer negra y casi la totalidad de mis acompañantes eran hombres blancos, sentados en asientos que permitían tanto la proximidad como los espacios separados. La azafata les sirvió tragos a todos los que me

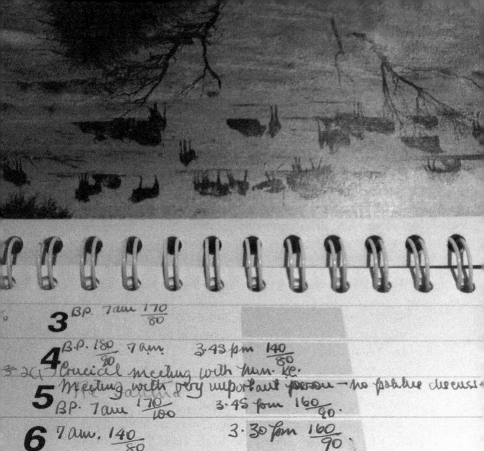

3 B.P. 7am $\frac{170}{80}$

4 B.P. 180 7am   3.45 pm $\frac{140}{80}$
Crucial meeting with hun. Ke.

5 Meeting with very important person – no positive discuss...
B.P. 7am $\frac{170}{100}$ 3.45 pm $160\frac{}{90}$.

6 7am. $\frac{140}{80}$ 3.30 pm $\frac{160}{90}$

7 B.P. 7am $\frac{148}{80}$ 3.30 pm $\frac{160}{90}$.

8 Consultation with Ismail ayob for ± 2 h...
B.P: $\frac{170}{90}$ 7.am.   3.45 pm $\frac{140}{70}$.

9 Given R11·40 to major Marais.

Week 27

Monday
Tuesday
Wednesda
Thursday
Friday
Saturda

rodeaban, pero olvidó una y otra vez mi jugo de naranja. Diciéndome a mí misa que el jugo de naranja es azúcar y seguramente le estaba haciendo un favor a mi cuerpo sobreviviente del cáncer, simplemente hice un gesto con la cabeza cuando ella se disculpó por segunda vez. La tercera vez que pasó a mi lado sin el jugo, el hombre blanco sentado junto a mí le dijo: "Esto es increíble. Me ha traído dos tragos en el mismo tiempo que ha olvidado de traerle uno solo a ella".

Volvió inmediatamente con el jugo.

Le agradecí al hombre que dijo: "Este trabajo no es para ella". No le contesté: "Ella no olvidó sus tragos. No lo olvidó a usted. Usted está sentado junto a nadie en este no lugar". En cambio, dije: "Usted simplemente le cae mejor". El hombre pensó que hablaba de él en particular y se ruborizó. ¿Habrá entendido que estaba bromeando sobre el hecho de ser blanco en el mundo? Aparentemente, no. El rubor subió por su cuello hasta sus mejillas y parecía tímido y contento al mismo tiempo. Se llevó ambas manos a la cara como queriendo conservar el calor de ese placer vergonzante.

"¿Yendo o viniendo?", preguntó cambiando de tema.

"Vuelvo de Johannesburgo".

"¿En serio? Yo vengo de Ciudad del Cabo".

Ahora entiendo que me haya defendido, pensé con poca generosidad.

¿Por qué pensé eso? ¿Yo misma me encuentro sobredeterminada por mi raza de forma inevitable? ¿Y eso es un problema? ¿Yo creé el problema o el problema me fue dado? Pienso en la presión sanguínea de Nelson Mandela que subió a más de 170 sobre 100 un día en que supuestamente se encontró con Frederik Willem de Klerk. ¿Mito o verdad? Quién sabe.

Al mirar al hombre en el asiento 2B, me pregunté si mi posicionamiento histórico estaba transformando su humanidad en una evidencia del dominio masculino blanco. ¿En mis ojos, los hombres están sobredeterminados por su color de piel? ¿Están obligados, como sugirió mi amigo, a absorber los problemas del mundo?

Durante el extenso vuelo, no volví a sacar el tema del privilegio del hombre blanco, ni en forma de chiste ni en ningún otro formato. En lugar de eso, nos distrajimos con nuestros recuerdos recientes de Sudáfrica y hablamos sobre el resort donde él se alojó y el safari que yo hice. No mencioné Soweto ni el Museo del Apartheid que visité en Johannesburgo, ni el Memorial de los Linchamientos en Montgomery, Alabama, monumento en el que pensé durante esa visita. Esta vez, quería que mi compañero de viaje fuera el que iniciara una conversación sobre su blanquitud. Para variar. Quería que él pensara sobre su blanquitud, especialmente porque acababa de estar en Sudáfrica, un país que sufría, como dijo James Baldwin, "del mismo engaño del que sufren los estadounidenses: el de creerse un país blanco". Pero yo también me imaginaba que él sentía que cuanto menos dijera sobre las relaciones raciales en Estados Unidos o Sudáfrica, mayor posibilidad había de que fuéramos interlocutores. Al menos esa era mi fantasía.

De vuelta en casa, cuando le mencioné estos encuentros a mi esposo blanco, le parecieron divertidos. "Son actitudes defensivas", dijo. "Fragilidad blanca", agregó con una carcajada. Este hombre blanco que ha pasado los últimos veinticinco años en el mundo a mi lado, cree que entiende y reconoce su propio privilegio. Sin duda, sabe utilizar la terminología correcta, incluso si estos términos acordados por los dos nos impiden tropezar con momentos de reconocimiento real. Estas frases –fragilidad blanca, actitud defensiva blanca, apropiación blanca– a veces reemplazan el complicado embrollo que es una conversación real. Cuando le saqué el tema de mis encuentros, mi esposo quiso hablar de nuestro actual presidente. "Ese sí es un caso claro de indignación y furia frente al privilegio escrito con mayúscula. Poder real.

Consecuencias reales". No estaba equivocado, por supuesto, pero formaba parte de todos los hombres blancos "woke" (despiertos) que colocan su privilegio fuera de ellos, como diciendo: no soy tan ignorante como para no conocer o defender mi estatus en el mundo. No importa que la capacidad de colocarse fuera del patrón del dominio masculino blanco sea el privilegio. Eso quizás les otorga comodidad. Comodidad blanca. Nada de dejar atrás el reino, el poder y la gloria.

Finalmente me animé a hacerle una pregunta directa sobre el privilegio blanco a un extraño que estaba sentado a mi lado en la puerta de embarque. Él había iniciado nuestra conversación, porque estaba frustrado por un nuevo atraso de la partida del avión. Compartíamos esa frustración. Finalmente me preguntó de qué trabajaba y le dije que escribía y enseñaba. "¿Dónde eres profesora?", me preguntó. "Yale", le contesté. Me dijo que su hijo quería ir a esa universidad, pero había sido rechazado en la primera etapa de la inscripción. "Es difícil cuando no puede jugar la carta de la diversidad", agregó.

¿Estaba pensando en voz alta? ¿Esa frase se le había escapado sin que pudiera callarse a tiempo? ¿Esa era la ingenuidad del privilegio blanco? ¿Me estaba provocando? ¿Estaba agitando la bandera del privilegio blanco frente mis ojos? ¿Debería haberle preguntado por qué tenía la expectativa de que su hijo fuera admitido en la etapa inicial de inscripción, sin demora, sin pausa, sin esperar? ¿Debería haberle preguntado cómo sabía que una persona de color "tomó" el lugar de su hijo y no otro hijo blanco de algunos de los muchos hombres blancos sentados a nuestro alrededor?

Quizás estaba conteniendo mi aliento. Decidí que simplemente iba a respirar.

"Los asiáticos están inundando las universidades de la Ivy League", agregó un momento después. Tal vez la aclaración tenía que ver con su deseo de manifestar que no estaba hablando en ese momento de sus fantasías con respecto a las personas negras y la acción

Texto *El historiador Matthew Frye Jacobson, en* Whiteness of a Different Color, *describe la reconsolidación en el siglo* xx *de los "celtas, hebreos, teutones, mediterráneos y eslavos" del siglo* xix.

Notas y fuentes Jacobson rastrea la historia y las políticas de inmigración desde la segunda mitad del siglo xix, cuando los europeos "blancos" fueron catalogados por sus distintos tipos raciales, hasta principios y mediados del siglo xx, cuando las diferencias percibidas entre esas mismas distinciones raciales declinaron dramáticamente. Frye escribe: "La restricción de inmigración, junto con las migraciones negras internas, alteró la alquimia racial de la nación y redibujó la configuración racial dominante en base a una estricta división binaria entre blancos y negros, creando caucásicos donde antes había habido celtas, hebreos, teutones, mediterráneos y eslavos".

Texto *Le pregunté si los agentes de la TSA (Administración de Seguridad en el Transporte) suelen pararlo. "Normalmente no", dijo.*

Notas y fuentes Véase el artículo del 17 de abril de 2019 en ProPublica, "TSA Agents Say They're Not Discriminating against Black Women, but Their Body Scanners Might Be" [Los agentes de la TSA dicen que no están discriminando a las mujeres negras, pero sus escáneres corporales quizás sí]. "Las mujeres negras han estado generando alarmas durante años por verse obligadas a someterse a registros degradantes de su cabello en los controles de seguridad de los aeropuertos. Después de una denuncia cinco años atrás, la TSA se comprometió a mejorar la supervisión y la capacitación de sus trabajadores sobre los cacheos capilares. Pero resulta que hay un problema aparte de los evaluadores: las propias máquinas".

afirmativa. Había recordado algo. Recordó quién estaba sentada a su lado.

Entonces lo hice. Pregunté. "He estado pensando en el privilegio de los hombres blancos y me pregunto si piensas en el tuyo o el de tu hijo". Mi afirmación estaba al borde de parecer una incongruencia, pero él aceptó el argumento y continuó.

"No es mi caso", dijo. "He trabajado esforzadamente por todo lo que tengo".

¿Qué dijo el juez Brett Kavanaugh en su audiencia de confirmación como miembro de la Corte Suprema? "Entré en la Facultad de Derecho de Yale. Es la Facultad de Derecho número uno del país. No tenía ninguna conexión ahí dentro. Entré rompiéndome el alma en la universidad". Aparentemente era eso lo que creía a pesar de que su abuelo fue a Yale. Al observar al hombre que tenía a mi lado no podía descubrirlo, pero me preguntaba si era un blanco étnico en lugar de un protestante anglosajón blanco. El historiador Matthew Frye Jacobson, en *Whiteness of a Different Color* [Una blanquitud de un color diferente], describe la reconfiguración en el siglo xx de los "celtas, hebreos, teutones, mediterráneos y eslavos " del siglo xix. Hacia 1940, según David Roediger, "dados los patrones de matrimonios inter étnicos y los imperativos de la Guerra Fría", los blancos dejaron de dividirse jerárquicamente dentro de la blanquitud y comenzaron a identificarse como caucásicos construidos socialmente.

Le dije al hombre: "¿Qué pasa si digo que no me refiero a generaciones de riqueza económica, ni a la riqueza y las conexiones del *Mayflower*?". De lo que hablaba era simplemente de vivir. Le pregunté si los agentes de la TSA solían pararlo. "Normalmente no", dijo. "Estoy adherido al programa de ingreso al país 'Global Entry'".

"Yo también", dije, "pero igual me paran". El carácter "aleatorio" de la evaluación por perfil racial es un fenómeno del que podría

Texto *La palabra "hogar" hizo que volviera a hablar de su hijo. Dijo que el mejor amigo de su hijo era asiático y había sido admitido en Yale en iniciativa temprana o decisión temprana o admisiones tempranas.*

Notas y fuentes Véase Anemona Hartocollis y Stephanie Saul, "Affirmative Action Battle Has a New Focus: Asian-Americans" [La batalla por la acción afirmativa tiene un nuevo enfoque: los asiáticos-americanos", en *The New York Times*: "Un estudio de Princeton encontró que los estudiantes que se identifican como asiáticos deben obtener 140 puntos más en el SAT (examen de aptitud académica) que los blancos para tener las mismas posibilidades de admisión en universidades privadas, una diferencia que algunos han llamado 'el impuesto asiático'".

La evidencia de que los blancos tienen ventaja en los procesos de admisión de instituciones de élite es la preferencia que estas instituciones tienen por los hijos de exestudiantes, los atletas reclutados y los hijos de los profesores. El artículo de Daniel Golden, publicado en ProPublica, en julio de 2018, "Cómo la lucha contra la acción afirmativa en Harvard podría amenazar a los blancos ricos", examina cómo estas categorías especiales les dan a ciertos solicitantes blancos una ventaja en Harvard. Golden informa que los hijos de exalumnos de Harvard comprenden el 21,5 por ciento de los solicitantes blancos aceptados, y solo el 7 por ciento de los identificados como hispanos, el 6,6 por ciento de los asiáticos americanos y el 4,8 por ciento de los afroamericanos. Golden escribe que, según el economista de Duke Peter Arcidiacono, "En general, a lo largo de seis años, Harvard aceptó el 33,6 por ciento de los solicitantes que eran hijos de exalumnos, frente al 5,9 por ciento de los que no tenían familiares exalumnos".

Golden también informa que "los atletas reclutados obtienen la mayor ventaja de todos, con un 86 por ciento de nivel de aceptación. Comprenden el 16,3 por ciento de los estudiantes blancos que son admitidos en Harvard, frente al 8,9 por ciento de los negros, el 4,2 por ciento de los hispanos y el 4,1 por ciento de los asiáticos americanos".

Golden también señala que Harvard aceptó al 46,7 por ciento de los hijos de los profesores y el personal de Harvard.

hablar por horas, pero ese día decidí no hacerlo. "¿Puede entrar y salir de los espacios públicos sin que le pregunten por qué está ahí?", pregunté. "¿La gente se apresura a preguntarle qué necesita?". Yo sabía la respuesta a mis preguntas, pero las hice de todos modos, porque quería frenar una dinámica de la que él se beneficiaba.

Dijo que entendía mi punto de vista. Yo quería decir: "No es mi punto de vista, es nuestra realidad", pero sentí la naturaleza declarativa de la oración demasiado afilada en mi lengua. Quería seguir hablando con este hombre y sabía que mi raza y mi género significaban que desconfiaba de mí y de mis preguntas: preguntas que pueden llevar a la palabra "racista" o "sexista". Si tan solo el color de la piel no tuviera tal poder de predicción.

No quería que nuestro diferente posicionamiento histórico ahogara nuestra conversación que ya había de alguna forma naufragado. Quería aprender algo que me sorprendiera sobre este extraño, algo que no pudiera haber sabido de antemano. Entonces me di cuenta. No había tiempo suficiente para desarrollar confianza, pero a todo el mundo le gusta ser escuchado. "¿Vienes o vas?" es la pregunta neutra del viajero discreto. Así que ahora se la hice yo a él. Él se dirigía a casa.

La palabra "casa" hizo que volviera a hablar de su hijo. Dijo que el mejor amigo de su hijo era asiático y había sido admitido en Yale en iniciativa temprana o decisión temprana o admisiones tempranas. Ninguno de nosotros conocía la terminología. Me pregunté cómo habría hecho para consolar a su hijo. ¿Habría usado la expresión "jugar la tarjeta de la diversidad" como lo había hecho conmigo? Yo quería dejar de hablar de las políticas de admisión de las universidades. Quería que nuestra conversación siguiera por cualquier otro camino, pero de alguna manera me había convertido en una representante de Yale, no en una extraña sentada al lado de otro extraño.

Me recordé a mí misma que estaba allí solo para escuchar. Solo escucha. El hombre hablaba realmente en serio y obviamente se

sentía impotente ante la incertidumbre del futuro de su hijo. Pero no podía ser tan terrible si Yale seguía siendo una posibilidad. No pienses, me dije. Entiende lo que es ser padre. Entiende lo que es amar. Entiende lo que es ser blanco. Entiende lo que es tener expectativa respecto a lo que la gente blanca podría tener más allá de si la suerte o la economía los acompaña. Entiende lo que es sentir resentimiento. ¿Eso es injusto? El resentimiento no tiene lugar aquí. Entiende qué significa ser blanco. ¿Es eso poco generoso? No lo sé. No pienses.

No le pregunté a este hombre blanco por qué pensaba que su hijo tenía más derecho a un lugar en Yale que su amigo asiático. No quería que sintiera que necesitaba defender el valor o la inteligencia de su hijo. Mi deseo era que su hijo prosperara. Yo prosperé. Si su hijo llegaba a mi clase, yo iba ayudarlo para que desarrollara todo su potencial. Cuanto más lograra en Yale, más contenta estaría por él y por mí. Si su hijo le dijera a la clase que entró a Yale porque muchos de sus maestros blancos desde el jardín de infantes en adelante exageraron su inteligencia, lo interrumpiría, como lo he hecho con muchos alumnos en el pasado, y le diría: "No, entraste en Yale y tienes la capacidad de entender que hay muchos factores que contribuyeron a tu admisión".

Los procesos de admisión a la universidad no se pueden discutir de manera definitiva; están llenos de áreas grises, y esas áreas grises a menudo se blanquean, incluso cuando a muchos blancos se les niega la entrada. Sabemos eso. De repente, me sentí reacia a tener una conversación sobre los espacios que los blancos perciben como propios y a los que se sienten con derecho, o dios no lo quiera, la acción afirmativa, que por supuesto inundaría el espacio entre nosotros con gente negra y marrón, incluida yo misma. En vez de eso dije: "Dondequiera que vaya su hijo, le va a ir bien, y en cinco años nada de esto va a importar". Fue en ese momento que reconocí mi cansancio. Y luego vino la comprensión de que estábamos, de hecho, en medio de una discusión sobre haber percibido la pérdida del privilegio masculino blanco,

Texto *Esta es una declaración para personas blancas bien intencionadas cuyo privilegio y deseo ciego los catapultan a una época en que los niños negros y los niños blancos no son juzgados "por el color de su piel, pero sí por el contenido de su carácter".*

Verificación Ejemplos de retórica daltónica, a continuación.

Notas y fuentes La temprana invocación a la imposibilidad de percibir el color por parte del juez de la Corte Suprema John Harlan en *Plessy vs. Ferguson*: "La raza blanca se considera la raza dominante en este país. Y lo mismo ocurre con el prestigio, los logros, la educación, la riqueza y el poder. Entonces, no lo dudo, seguirá siéndolo para siempre, si se mantiene fiel a su gran herencia y se aferra a los principios de la libertad constitucional. Pero para la Constitución, ante los ojos de la ley, no hay en este país una clase de ciudadanos superior, dominante y gobernante. Aquí no hay castas. Nuestra Constitución no percibe colores y no conoce ni tolera clases entre los ciudadanos. En lo que respecta a los derechos civiles, todos los ciudadanos son iguales ante la ley".

Alusiones a la "ideología racial ciega ante los colores" de Lee Atwater, expresidente del Partido Republicano y director de campaña de 1988 de George H. W. Bush, durante una entrevista grabada en 1981 (citado en *Colorblind Racial Profiling: A History, 1974 to the Present* [Perfilamiento racial ciego al color: Una historia, desde 1974 al presente] por Guy Padula): "Así es como manejaría ese problema [...] como psicólogo, que no lo soy, se trata de con qué nivel de abstracción manejas el tema de la raza. Empezamos, no quiero que me cite sobre esto, empezamos en 1954 diciendo: 'Nigger, nigger, nigger'. En 1968, no se puede decir 'nigger'; eso te lastima, es contraproducente. Entonces dices cosas como, eh... transporte escolar interracial forzado, derechos de los estados y todo eso, y te vuelves muy abstracto. Ahora, estás hablando de recortar impuestos, y todas estas cosas de las que estás hablando son cosas totalmente económicas y un subproducto de ellas es que los negros son más perjudicados que los blancos [...] 'Queremos recortar esto', es mucho más abstracto que incluso el tema del transporte escolar, y todavía más abstracto que 'nigger, nigger'".

que en otras palabras es simplemente una vida blanca en la que nadie murió. ¿Yo tenía algo que ver con esa pérdida? ¿Él pensaba eso?

No mucho después de esto, estaba en otro vuelo y me senté junto a un hombre blanco que me daba la sensación de que podría haber sido ya un amigo. Nuestra conversación era fluida y cómoda, como estar pateando una pelota juntos durante una tarde de otoño. O como salir por la puerta a fines de la primavera cuando, de repente, la temperatura de adentro y la de afuera se sienten iguales sobre la piel. La resistencia se desvanece; tus hombros se relajan. Yo estaba, metafóricamente, feliz al aire libre con este hombre, que era abierto y curioso y con sentido del humor. Habló de su esposa e hijos con claro afecto. Y aunque estaba conmigo en el avión, estaba allí con ellos también. Su padre era un académico, su madre, una gran mujer.

Me preguntó quién era mi músico favorito y le dije que Commodores por una canción, "Nightshift", que es básicamente una elegía. Él amaba a Bruce Springsteen, pero "Nightshift" era también una de sus canciones favoritas. Cantamos la letra de "Nightshift" juntos: "Todavía puedo oírlo decir: 'Oh, háblame para que puedas ver qué está pasando'". Cuando me preguntó si conocía cierta canción de Springsteen, admití que no. La única canción de Springsteen que me vino a la mente fue "American Skin (41 Shots)": "No es ningún secreto, amigo mío, te pueden matar solo por vivir dentro de tu piel americana". Sabía esa letra, pero no me puse a cantarla. Hice una nota mental para no olvidarme más tarde de buscar la canción de Springsteen que él amaba.

Finalmente, me dijo que había estado trabajando en el área de diversidad dentro de su compañía. "Todavía tenemos un largo camino por recorrer", dijo. Después volvió a repetir: "Aún nos queda un largo camino por recorrer", y agregó: "Yo soy ciego al color". Esta es una declaración para personas blancas bien intencionadas cuyo privilegio y deseo ciego los catapultan a una época

Seamos sinceros. Soy una mujer marcada, pero no todo el mundo sabe mi nombre.

Hortense J. Spillers

Justo cuando empiezo a pensar que me han subestimado mucho en mi carrera, recuerdo que de todas formas siempre fui un tipo blanco gigante cada vez que entraba a la habitación.

Ni una sola vez me hicieron sentir que no pertenecía a algún lugar (incluso cuando realmente no pertenecía a ciertos lugares).

Alexis Ohanian

en que los niños negros y los niños blancos no son juzgados "por el color de su piel, pero sí por el contenido de su carácter". La frase "Soy ciego al color" accionó un freno de emergencia en mi cerebro. ¿Estarías sacando el tema de la diversidad si no vieras el color?, me pregunté. ¿Le dirás a tu esposa que tuviste una buena charla con una mujer o con una mujer negra? Ayuda.

Todo lo que pude pensar en decir fue "Ain't I a black woman? [¿No soy una mujer negra?]". Pronuncié la pregunta lentamente, como si estuviera probando la calidad del aire. ¿Se dio cuenta de que mi pregunta aludía a la famosa frase de Sojourner Truth? ¿O pensó que la construcción agramatical en inglés era una señal de mi negritud? ¿O pensó que me estaba burlando de lo que los blancos pensaban sobre la inteligencia negra? "¿No eres un hombre blanco?", le pregunté después. "¿No puedes ver eso? Porque si no puedes ver la raza, no puedes ver el racismo". Repetí esa frase, que había leído hacía poco en *White Fragility*, de Robin DiAngelo.

"Entendido", dijo. Su tono fue solemne. "¿Qué otras cosas estúpidas he dicho?".

"Solo eso", respondí.

Me había negado a aceptar que la realidad sobre la que él insistía fuera mi realidad. Y me alegré de no haber lubricado el momento, me alegré de haber podido decirles no a los mecanismos silenciadores de los modales, me alegré de que él no hubiera necesitado quejarse. Me sentí contenta de que él no me hubiera agredido pasivamente. Me alegré de que pudiera soportar la perturbación de mi realidad. Y de repente, nuestra conversación se volvió más libre: aleatoria, ordinaria, agotadora y anhelando existir en alguna imagen de espacios menos segregados.

Poco después de este intercambio, el hombre del vuelo se puso en contacto conmigo. Él y su esposa habían leído uno de mis libros

y querían verme. Nuestros horarios, sin embargo, nunca funcionaron y pasó el tiempo. Luego escribí el artículo sobre hablar con hombres blancos de su privilegio y se lo envié. No quería publicarlo sin decirle que había relatado nuestra conversación. Entonces le pregunté si quería responder a lo que yo había escrito. Me contestó:

Cuando dije "soy ciego al color", y discutiste mi afirmación, entendí tu punto, aprecié tu franqueza, lo pensé y me di cuenta de que tenías razón. Vi tu respuesta como un acto de valentía y generosidad.

He pensado mucho en nuestra conversación desde ese vuelo. De hecho, no mucho tiempo después me di cuenta de que había tergiversado algo que te dije sobre mi ciudad natal. No sé por qué. Ciertamente no lo hice intencionalmente, y creí que estaba siendo sincero. Pero después de nuestra charla, se volvió evidente de que no había sido así. Te dije que no había notado mucha tensión entre los niños negros y los niños blancos en mi ciudad (crecí y pasé por el sistema de escuelas públicas de un suburbio de clase media en el noreste, en la década de 1980 y principios de la de 1990). Supongo que no es tanto que no lo haya notado, sino que más bien quería olvidarlo, porque si vuelvo a recordar el pasado, la tensión estaba por todas partes. Terminé la escuela secundaria hace más de veinticinco años y, a excepción de las vacaciones de verano durante la universidad y unos meses después de recibirme, no he vuelto a vivir allí desde entonces. Quizás esa tensión fuera algo constante en nuestras vidas, y por eso no pensaba especialmente en el tema... salvo cuando ocurrían incidentes claramente desagradables, como la vez que un niño blanco que se sentó delante de mí en la clase de álgebra de primer año se dio la vuelta y me preguntó si iba a ir al partido de baloncesto del equipo universitario esa noche para ver jugar "al [insulto racial]". Recuerdo solo un par de peleas físicas entre niños negros y niños blancos, pero la crueldad, desde la mayoría de los blancos hacia los negros, estaba siempre a un comentario de distancia. Mi hogar y mi familia (incluso mi familia extendida, que eran primera y segunda generación de inmigrantes de países del Mediterráneo y

Ruby Sales

Jonathan Daniels

de Europa del Este) fueron la antítesis de ese tipo de comporta-
miento. Pero si vuelvo a pensarlo, esa forma de proceder estaba a
nuestro alrededor. Es interesante que algo en nuestra conversación
hizo que me diera cuenta.

Mientras leía y releía esta respuesta, noté que yo había aceptado lo que dijo acerca de su ciudad natal de la infancia no como la verdad, sino como la verdad sobre su blanquitud. Lo había aceptado como la verdad, sobre "la cultura de la blanquitud" como diría la activista por la justicia social Ruby Sales. La falta de una vida integrada significó que ninguna parte de su vida reconoció el trato a los negros como un problema importante. No recordar sea quizás no sentirse tocado por eventos que no interfieren con tu modo de vida. Esa es la realidad que define el privilegio blanco sin importar cuánto dinero se tenga o se deje de tener. De los Apalaches a la Quinta Avenida, mi precariedad no es una realidad compartida. Aunque mi compañero de asiento tergiversó los hechos, no tergiversó el papel que esos hechos tuvieron en su propia vida. Estoy segura de que realmente creía en lo que dijo en ese momento. Y también estoy segura de que en los días que siguieron a nuestra conversación, la realidad reprimida empezó a empujar la parte ficcional de los hechos, que es también, a su manera, una verdad. Dejar entrar mi versión era dejar entrar la perturbación de las relaciones raciales en una vida de blanquitud segregada. Si los blancos siguen olvidándose de recordar que las vidas negras importan como claramente lo hacen dado que aceptan todo, desde los comentarios racistas de amigos y colegas hasta la falta de condena a la mayoría de los agentes de policía que matan a negros desarmados, pasando por prácticas racistas más estructurales, entonces siempre se sorprenderán cuando esos recuerdos aparezcan.

evolución

Texto *La concientización tiene que ocurrir en espacios donde todos sean blancos, pues esos espacios ya existen.*

Verificación Es así, véase las fuentes sobre la segregación a continuación.

Notas y fuentes Para "espacios donde todos sean blancos", véase el informe del *Washington Post* de Chris Ingraham "Three Quarters of Whites Don't Have Any Non-White Friends" [Tres cuartos de los blancos no tienen amigos que no sean blancos], un estudio que encontró que el 75 por ciento de la gente blanca tiene "redes sociales completamente blancas sin ninguna presencia de minorías". Según un informe de Pew de 2017, la tasa de recién casados blancos que se casan con otras personas blancas fue del 89 por ciento. Existen condados enteros que son casi 100 por ciento blancos. Otro estudio reciente de Pew encontró que "la mayoría de negros y asiáticos adultos (63% y 66%, respectivamente) dicen que el tema de la raza o de las relaciones raciales surge en sus conversaciones con familiares y amigos algunas veces, mientras que solo la mitad de los blancos (50%) y los adultos hispanos (49%) afirman lo mismo". Para obtener una descripción general de los datos recientes sobre la segregación espacial en Estados Unidos, véase este informe del *Washington Post*: "Estados Unidos es hoy más diverso que nunca, pero sigue estando segregado".

Desde una perspectiva histórica, los efectos de políticas segregacionistas de larga data y las leyes a nivel federal, estatal y local todavía se sienten y se ven en la actualidad. Según *The Color of Law* [El color de la ley], de Richard Rothstein, en lo que respecta a la vivienda, la segregación residencial actual "no es la consecuencia no deseada de elecciones individuales..., sino el resultado de políticas públicas explícitas que segregaron todas las áreas metropolitanas de Estados Unidos". Rothstein mantiene que incluso sin esa segregación racial impuesta por el gobierno, "otras causas –prejuicio privado, fuga blanca, direccionamiento del mercado inmobiliario, "redlining" bancario, diferencias de ingresos y autosegregación– todavía habrían existido, pero con muchas menos oportunidades de manifestarse".

Un amigo negro dice que los blancos se están haciendo cargo del trabajo antirracista. ¿Habla en serio? No lo dice solo económicamente. A él no le piden que coordine talleres de diversidad cuando los espacios blancos pueden contratar a mujeres blancas para que se encarguen de la coordinación. Pregunto en broma, ¿no es eso lo que las personas negras y marrones han pedido siempre? "No es mi trabajo educar a los amigos blancos": ¿acaso no he escuchado esa declaración en numerosas ocasiones? Pero como mi amigo, siento que las relaciones y las diferencias raciales son más complicadas que simplemente una dinámica ignorante de la que me molesta ser parte. Todos sentimos que sabemos lo que pasa, pero ¿podemos, a pesar de todos nuestros entrelazamientos, saber realmente qué motiva al otro? Yo sé que mi vida, mi supervivencia y las posibilidades vitales dependen de saber más sobre ciertas cosas que los blancos ignoran voluntariamente. ¿Quién representará esa realidad si no hay una persona negra en la sala? Veo el punto de mi amigo.

Más tarde, ese mismo día, le pregunto a una amiga blanca si los blancos hablan entre ellos sobre su racismo. No pasa, me dice. No obstante, cree ella, así es como los blancos aprenden a desarrollar resistencias frente a su colusión con el racismo estructural. Lo menos importante son las infracciones diarias que cometen los blancos diciendo y haciendo cosas lamentables, dada su socialización en una cultura que se establece para que ignoren su ignorancia de la violencia cometida contra las personas de color, ya sea a causa de políticas, excepciones, vigilancia o negligencia. Su mismísima socialización afecta fundamentalmente a las personas de color, haya o no individuos blancos presentes en la institucionalización de las decisiones y omisiones racistas.

Porque se toman decisiones que restablecen las jerarquías blancas todos los días, sería bueno que la cultura de la blanquitud estuviera marcada y se volviera visible para aquellos que no pueden verla gracias a la acción de aquellos que no se dedican a mantener a la blanquitud en un lugar primordial. La concientización tiene que ocurrir en espacios donde todos sean blancos, pues esos espacios ya existen.

Texto *¿Estas conversaciones, que aparentemente son intentos de trabajar sobre la blanquitud sin restablecer el pensamiento jerárquico blanco, no están eligiendo la comodidad blanca antes que la incomodidad blanca y la integración? ¿Es eso un problema?*

Notas y fuentes Para un argumento extenso a favor de la integración, véase *The Imperative of Integration* [El imperativo de la integración], de la filósofa Elizabeth Anderson.

Situación hipotética:

o Mientras enseña una clase sobre arte africano, muestra la siguiente imagen y les pregunta a los estudiantes qué piensan de ella. Un estudiante afirma que la imagen "se parece a un mono". Algunos estudiantes de la clase se ríen de la respuesta y otros estudiantes negros parecen molestos.

o ¿Qué piensa usted sobre este comentario?

o ¿Qué haría usted ante esta situación?

Pero, le digo a mi amigo, creo que es irónico que las conversaciones que les permitan a los blancos hablar abiertamente sobre la blanquitud deban comenzar dentro de espacios segregados. ¿Esas conversaciones, que aparentemente son intentos de trabajar sobre la blanquitud sin restablecer el pensamiento jerárquico blanco, no están eligiendo la comodidad blanca antes que la incomodidad blanca y la integración? ¿Es eso un problema? La formación de conocimiento es en parte influenciado por el medioambiente.

Mi amigo dice que esta es una forma "fuerte" de ver el asunto. Pero si eres blanco y estás recibiendo mensajes de tu entorno que reafirman la idea de que la solidaridad blanca es la forma de organizar tu mundo, incluso mientras haces un trabajo antirracista, entonces, ¿cómo no vas a creer que un mundo construido completamente por blancos no es el lugar en el que mejor funcionas? ¿Cómo eso no va a parecer correcto? Fuerte, sí. Irónico, sí.

Poco después de esta conversación, un amigo blanco asiste a un taller de diversidad. Me envía caras locas de emojis durante el taller para profesores y empleados. Lo llamo apenas me avisa que el taller ha terminado. La sesión estuvo a cargo de dos mujeres blancas. Solamente había un profesor negro en el grupo. A los participantes se les mostró un ejemplo de una situación en el aula que parecía claramente implicar racismo.

La situación hipotética era la siguiente: "Mientras enseña una clase sobre arte africano, muestra la siguiente imagen y les pregunta a los estudiantes qué piensan de ella. Un estudiante afirma que la imagen "parece un mono". Algunos estudiantes de la clase se ríen de la respuesta y otros estudiantes negros parecen molestos".

La gente del taller dice que la comparación entre una persona negra y un mono es una broma. Los chistes se pueden usar para entrar y salir de una situación, un sentimiento o un sentimiento racista. Estoy bromeando. Todo se aliviana. Las bromas permiten estar en una cosa y al mismo tiempo huir de ella.

Texto *Comparar a una persona negra con un mono es una de las formas más antiguas y eficientes de racismo...*

Notas y fuentes El filósofo Charles Mills y el sociólogo Wulf Hund editaron un volumen sobre "simianización", que recopila ensayos sobre la deshumanización como una forma de racismo con especial atención a la comparación con los simios. Ofrece una revisión de los casos contemporáneos de esta forma de racismo y también una historia. El volumen, dada su fecha de publicación, no incluye el tuit de la expresentadora de la BBC Danny Baker, que contenía la siguiente imagen haciendo referencia al nacimiento del bebé real de raza mixta en 2019.

Nadie menciona a Pamela Ramsey Taylor, que comentó en Facebook que "será tan refrescante tener de vuelta una elegante, hermosa y digna Primera Dama en la Casa Blanca. Estoy cansada de ver un [sic] simio con tacos".

Comentario: "Me alegraste el día, Pam".

Comparar a una persona negra con un mono es una de las formas más antiguas y eficientes de racismo en los manuales no escritos del supremacismo blanco. Leslie Jones, humorista del programa *Saturday Night Live,* se sintió obligada a tuitear: "OK. Me llamaron mono, me enviaron fotos de sus culos, incluso recibí una foto con semen en mi cara. Estoy tratando de entender qué quiere decir humano. Me bajo".

¿Fue una persona blanca la que hizo la comparación en la situación hipotética? Mi énfasis está en "blanca" y no en "persona". El individuo al que se hace referencia es menos importante que el uso de la palabra "mono", que intenta borrar la humanidad de la persona a la que se le adosa. "Don't monkey this up" [No monees esto] dijo el gobernador de Florida Ron DeSantis durante su campaña a gobernador de 2018, y todos entendimos que la declaración significaba históricamente "no votes por el candidato negro", aunque DeSantis lo haya negado.

Texto *El teórico Benjamin Eleanor Adam observa que las búsquedas en Google del término "evolución" dan como resultado representaciones de la cumbre de la evolución como el cuerpo de un hombre blanco...*

Notas y fuentes En su libro *Rethinking Evolution in the Museum: Envisioning African Origins*, [Volviendo a pensar la evolución en el museo: Visualizando orígenes africanos], la académica Monique Scott describe las ilustraciones lineales de la evolución, desde los discursos darwinianos del siglo XIX hasta el libro *Early Man* [Primero hombre] de F. Clark Howell, publicado en 1965 por Time-Life, en el que encontramos la primera representación de los hombres marchando en fila. Scott escribe: "Las imágenes de los primeros libros, periódicos y exposiciones sobre la evolución ilustran que, desde la primera encarnación de la evolución humana, el concepto ha ido acompañado de ese tipo de narrativas visuales del progreso... la imagen de la 'marcha del progreso'".

Véase también la entrevista "James Baldwin Discusses the Problem of Being White in America" [James Baldwin analiza el problema de ser blanco en Estados Unidos] (1985): "Cuando los estadounidenses dicen cambio en general, en realidad se refieren a progreso. Y cuando dicen progreso, lo que realmente quieren decir (y realmente no saben que quieren decir eso) es cuán rápido, en qué medida y cuán profundamente una persona negra se vuelve blanca. Realmente no pueden evitar tomarse a sí mismos como el único modelo posible de lo que llaman cambio".

El teórico Benjamin Eleanor Adam observa que las búsquedas en Google del término "evolución" dan como resultado representaciones de la cumbre de la evolución como el cuerpo de un hombre blanco, "relacionando blanquitud y humanidad, una asociación que tiene sus raíces en la ciencia racial y en las justificaciones éticas del colonialismo, la esclavitud y el genocidio […] Al presentar a los blancos como los humanos por excelencia que poseen los cuerpos y los comportamientos percibidos como clara y profundamente humanos, los blancos justificaron y continúan justificando el supremacismo blanco". Por eso, el uso de la palabra "mono" en relación con las personas negras ubica a las personas blancas en la posición principal en la línea evolutiva, una idiotez que aborda James Baldwin en una entrevista titulada "James Baldwin discute el problema de ser blanco en Estados Unidos": "Los blancos buscaron civilizar a los negros antes de civilizarse a sí mismos".

Si la estructura que organiza la situación hipotética es en sí misma racista, ¿son las preguntas tramposas?

En el taller de diversidad, nadie pregunta por qué el ejercicio omite la raza del estudiante que afirma que la imagen de la figura negra "parece un mono". Eso podría ser de ayuda. ¿Blanco? ¿Asiático? ¿Latinx? Extrapolo que el que hizo la declaración no es negro ya que los estudiantes negros están marcados por su raza: "Algunos de los estudiantes negros parecen molestos". ¿Es inconcebible que los estudiantes blancos también puedan estar molestos, o los estudiantes asiáticos, o los latinxs, o los estudiantes negros asiáticos o los estudiantes negros latinxs, o los estudiantes indígenas, o…? Dado que no existe un escenario donde los estudiantes blancos estén molestos por la declaración, ¿debemos entender entonces que cualquier malestar que puedan sentir daría la impresión de ser insincero, pasajero y no habría posibilidad de juzgarlo?

Según lo relatado por mi amigo, los profesores y empleados blancos en la sala insisten en darle al "estudiante bromista" (¿es él/ella/

Texto *Si la gente blanca no ve su blanquitud, ¿cómo pueden hablar con ella? ¿Era blanco el estudiante? ¿Quién escribió la situación hipotética? ¿La diversidad no incluye ningún entrenamiento para vernos a nosotros mismos...?*

Notas y fuentes Véase "Try and Make Me! Why Corporate Diversity Training Fails" [¡Intenta y conviérteme! Por qué falla la capacitación en diversidad corporativa], publicado por la Asociación Estadounidense de Sociología en 2007, para una historia de la capacitación en diversidad que comenzó en 1961 con el decreto presidencial de John F. Kennedy que requería que los contratistas del Estado nacional llevaran adelante una "acción afirmativa" contra la discriminación. En 2005, la capacitación en diversidad se llevó a cabo en el 65 por ciento de las grandes empresas.

elle blanco?) el beneficio de la duda. El único profesor negro en la sala expresa el pensamiento de que, tal vez, el estudiante no quería decir nada con su afirmación. Él también quiere darle al estudiante (¿es él/ella/elle blancx?) el beneficio de la duda.

Mi amigo blanco esperó a ver qué decían las mujeres blancas que coordinaban el taller. No dijeron nada. Siguieron adelante después de que cada persona que deseaba hacerlo respondió, a pesar de que las mujeres blancas en cargos administrativos son las que suelen pedir que se realicen estos entrenamientos. Recién entonces mi amigo interrumpió y señaló que, aunque fuera un chiste, seguía siendo un chiste racista. Preguntó qué tenía de inocente este comentario que todos consideraban inocente. El profesor negro modificó su alianza para apoyar a mi amigo blanco. Sí, eso es cierto, dijo. Recién en ese momento, los otros sugirieron que tal vez hubiera que llamar al estudiante (¿es él/ella/elle blancx?) aparte y hablarle. Pensé en la frase "llamar aparte".

Este llamar aparte le otorga privacidad al acto y coloca la declaración del estudiante fuera de la sala, y falla en dar cuenta del malestar público que el estudiante (¿es él/ella/elle blancx?) ocasionó.

En la periferia de la descripción hecha por mi amigo de la sesión de la capacitación en diversidad flota una pregunta: si la gente blanca no ve su blanquitud, ¿cómo pueden hablar con ella? ¿Era blanco el estudiante? ¿Quién escribió la situación hipotética? ¿La diversidad no incluye ningún entrenamiento para vernos a nosotros mismos o se trata simplemente de abordar el agravio contra los negros?

Después de colgar el teléfono, caminé hasta la puerta de entrada de mi casa y la abrí. El jardín estaba cubierto de hojas. Lo que se veía era hermoso, pero las hojas se estaban pudriendo. Clavé la vista en la hojarasca y recordé que algunas semanas atrás una mujer negra me había dicho: "He estado trabajando en acciones antirracistas desde los ochenta. Te digo que no sirve de nada". En el momento

de *The White Man's Guilt* de James Baldwin

A menudo me he preguntado, y no es una pregunta agradable,
de qué hablan entre sí los estadounidenses blancos.

Me pregunto esto porque ellos,
después de todo, no parecen encontrar mucho que decirme,
y hace tiempo concluí que el color de mi piel

los inhibía. Este color
parece operar como un espejo de lo más desagradable,
y se gasta una gran cantidad de energía

en tranquilizar a los estadounidenses blancos
asegurándoles que no ven lo que ven. Algo completamente
inútil, por supuesto, ya que *sí* ven lo que ven.

Y lo que ven es una espantosa opresión
y una historia sangrienta, conocida en todo el mundo.
Lo que ven es una actualidad continua y catastrófica

que los amenaza, y por la cual
tienen una responsabilidad ineludible.

Pero dado que, en general, parece que les falta la energía
para cambiar esta condición actual,
preferirían que no se las recordaran.

¿Significa esto que, en sus conversaciones
entre ellos, simplemente hacen sonidos tranquilizadores?

Apenas parece posible, y sin embargo, por otro lado,
parece muy probable.

me reí a mandíbula batiente. Mi risa era tan potente que ella también se empezó a reír. ¿De qué nos reíamos? El aire estaba fresco. Cerré la puerta y volví a mi escritorio, donde me entretuve analizando una declaración de James Baldwin en una entrevista.

lemonade

Texto *Le digo de manera bastante dramática que las estadísticas de salud de Internet declararon que yo debería estar muerta...*

Notas y fuentes Véase el informe de los CDC (Centros de control de enfermedades) sobre las tasas de cáncer de mama entre mujeres negras y mujeres blancas:
"Las mujeres negras y las blancas padecen cáncer de mama aproximadamente en la misma proporción, pero las mujeres negras mueren de cáncer de mama en mayor proporción que las mujeres blancas.

"En comparación con las mujeres blancas, las mujeres negras tuvieron tasas más bajas de contraer cáncer de mama (tasas de incidencia) y tasas más altas de muerte por cáncer de mama (tasas de mortalidad) entre 1999 y 2013. Durante ese período, la incidencia del cáncer de mama se redujo entre las mujeres blancas y subió ligeramente entre las mujeres negras. En la actualidad, la incidencia del cáncer de mama es aproximadamente la misma para mujeres de ambas razas.

"Las muertes por cáncer de mama están disminuyendo entre las mujeres blancas y negras, especialmente entre las mujeres negras más jóvenes. Pero las tasas de mortalidad por cáncer de mama son un 40 por ciento más altas entre las mujeres negras en comparación con las mujeres blancas".

La consejera matrimonial rubia es claramente morocha. Me pregunto si el amarillo de su cabello tiene la intención de colocarla un paso más cerca de ser deseable fuera de la oficina o de ser confiable dentro de ella. ¿Dónde encajo yo? No comparto ninguno de estos pensamientos mientras mi esposo y yo nos sentamos frente a ella en la oficina; en cambio, le digo de manera bastante dramática que las estadísticas de salud de internet declararon que yo debería estar muerta, pero estamos en el siglo XXI, y después de un año de sentir náuseas a causa de los tóxicos medicamentos de la quimioterapia y la radiación, ahora me siento mejor.

La amenaza de muerte inminente había construido una mansión en mi mente donde antes solo existía un motel para miedos pasajeros. En obediencia a mi nueva realidad, viví en intervalos de tres meses entre análisis de sangre. ¿Habría niveles elevados de células proteicas que indicaban el regreso de mi cáncer? Las células se quedaron quietas, y luego, un día mientras conducíamos hacia el hospital, como si yo fuera el personaje de Denzel Washington en la adaptación cinematográfica de la obra *Fences* de August Wilson, sentada en un automóvil a toda velocidad y, como las metáforas también pueden ser realidades, le informé rápidamente a mi esposo que, en el tiempo que me quedaba, aunque siempre se desconoce el tiempo, necesitaba encontrar un compañero que me hiciera reír. Fue un momento sin humor y así demostré mi argumento. Así fue como terminamos en la oficina de esta consejera matrimonial después de veinte años de un matrimonio que funcionaba muy bien, lleno de colaboraciones y películas y paternidad y paseos de perro y compartir novelas y organizar cenas.

Tanto mi esposo como yo en nuestras décadas juntos pasamos gran parte de nuestro tiempo haciendo arte que hablaba del trato racista de los ciudadanos estadounidenses. Realizamos un seguimiento de los disparos policiales a personas negras desarmadas; rastreamos a legisladores y jueces que actuaban a favor del encarcelamiento masivo; compartimos artículos sobre niños negros que están siendo

tratados peor que animales por las fuerzas del orden público; los
dos lloramos sin parar cuando un oficial de recursos escolares
blanco tiró al piso en el aula de clases a una niña negra y cuando
un policía blanco golpeó contra el suelo a una niña negra en el
borde de una piscina en McKinney, Texas. Año tras año, escuchamos e intercambiamos miradas mientras personas blancas decían
cosas terriblemente racistas en nuestra presencia. Intentamos darle
sentido a todo eso en narraciones e imágenes coherentes. Peleamos
por cuestiones esotéricas como el punto de vista y por otras mun-
danas como el dinero. A lo largo de los años, caminamos kilóme-
tros dentro de los museos y nos sentamos durante horas dentro de
los teatros pensando en cómo hacer lo que mejor hacemos. Nos
ayudamos mutuamente en nuestros esfuerzos y estábamos felices
con los logros del otro. Mi esposo me calmó cuando tuve que enfrentar la inequidad y yo lo calmé a él cuando tuvo que lidiar con
la burocracia. Y así pasaron los años.

Aunque no para detenernos, esta vez sugerí que redirigiéramos el
rumbo de nuestra vida. Mi esposo le dijo a la consejera que le había comunicado cosas profundamente dolorosas durante los últimos meses; lo peor había sido cuando le dije que no se preocupara
en avanzar hacia la libertad del divorcio, porque siendo él un hombre blanco alto, de ojos azules, de mediana edad y en forma, no iba
a tener problemas para reemplazarme a mí, una mujer negra, en
Estados Unidos.

Decir eso fue hiriente, le pareció a la consejera, no porque fuera
falso, sino porque mi esposo se sintió lastimado. Esta capacidad de
separar los hechos del afecto es lo que se aprende en terapia.

Cuando conocí a mi esposo a los treinta, él era una persona muy
seria que tenía completa consciencia de lo que el racismo había hecho posible. Primero lo conocí a través de su obra: imágenes de niños afroamericanos cuyas condiciones de vida no hubiera merecido
nadie. Su comprensión de la política racial y el sistema de justicia
de Estados Unidos era más amplia y más lúcida que la mía. No tuve

que convencerlo, ni mostrarle, ni explicarle nada sobre cómo funciona el racismo blanco contra los negros. Él escuchaba los desprecios en tiempo real. Era un alivio. Él era el alivio. Fue con él con quien hice mis primeras visitas a prisiones para ver a los jóvenes con sentencias incorrectas. Su ayuda mejoró las vidas de las personas sin privilegios económicos ni acceso a servicios de abogados con las que se cruzó. Él los visitó como un amigo. De él aprendí lo que significaba simplemente aparecer y tomar una foto de lo que viste.

¿No te valoras a ti misma? La consejera pregunta esto como si nunca hubiera visto cómo son tratadas las mujeres negras en el mundo. Por supuesto que me valoro, digo lentamente para darme tiempo de entender su línea de razonamiento. No estoy hablando de mí misma. No puedo mantenerme, casarme o integrarme a mí misma. Esto lo digo para darle tiempo a considerar lo que dirá a continuación. ¿No comprendes cuánto te valora tu esposo? es su siguiente pregunta. Está bien, digo. ¿Pero mi marido, sea quien sea, no es también el Estados Unidos blanco?

La respuesta es obviamente no; pero incluso lo obvio está dentro de la historia, así que también sí. Quizás la pregunta que debería hacerse es si un amor despreocupado puede surgir de un interés compartido en la rabia blanca y la violencia blanca contra los negros dentro de una estructura democrática que construye, patrocina y apoya este comportamiento. No puedo ser una experta sobre mi propia subyugación y ciertamente no es ese el lugar donde encuentro placer. Quizás podríamos hablar de eso. Entonces creo que tal vez haber sacado el tema de la blanquitud de mi marido fuera una forma de devolverle lo que sea que él hubiera perdido si yo moría o me iba. Quizás era una forma de decir, tú ganas. Tú ganarás. El cáncer es yo perdiendo y aunque pueda reírme de todo esto, sigo siendo yo perdiendo. Ganaste. ¿No puedes ver eso? Pero nadie puede ganar cuando es el cáncer o el tiempo con lo que está negociando.

Si la consejera me hubiera preguntado qué sentía yo que era lo más hiriente que le había dicho a mi esposo, yo no hubiera dicho lo

mismo que dijo él porque mi declaración parecía una verdad que todos habíamos visto manifestarse en otros matrimonios que nos rodeaban. Pero mientras reviso mi memoria, de hecho fue lo único que dije que apuntaba directamente a su blanquitud. Teniendo en cuenta el hecho de que sé que a los blancos no les gusta que los llamen blancos, me pregunto si lo dije para lastimar a mi esposo, ya que tantas palabras en esos meses parecían arrojadas como palabras para pelear. Aunque es cierto que en ese momento yo era la persona menos preparada para juzgar mi propio subtexto, por más que la considerara una y otra vez, mi afirmación seguía pareciéndome una verdad objetiva.

Centrándose en el dolor y la historia, *Lemonade* de Beyoncé aborda la infidelidad, los cuatrocientos años de racismo y sus efectos sobre familias negras devastadas; ninguno de estos temas afectaba por completo nuestro matrimonio, pero esta obra me sigue dando cierto consuelo. Tal vez sea porque el "álbum visual" también aborda el amor negro, ¿o es amor a secas? Beyoncé aleja su cámara para ver cómo toda la historia estaba en contra del éxito de su matrimonio y no se equivoca. Mi propio matrimonio interracial también existió dentro de un Estados Unidos racista cuyos modos hacen la vida más difícil. Muchas veces conduciendo entre la ciudad de Nueva York y Nueva Jersey (vivimos en el sur solo un año), la policía nos detuvo y nos preguntó cómo nos habíamos conocido; están todos esos lugares a los que mi marido entra mientras a mí me detienen en la puerta; y están las mujeres blancas que entendieron nuestra relación como cualquier cosa menos un matrimonio cuando se interponen entre nosotros para coquetear. Nos reímos de estos momentos en tiempo real, pero no era este tipo de risa lo que yo buscaba.

Nuestra risa surgió de momentos en que el mundo, sus estructuras, eran los únicos que hablaban. Esa risa fue una reacción y sirvió como un guiño a la idiotez y la violencia. Fue una risa comprensiva, incluso cuando sentimos los golpes que nos daban. Fue una risa de "¿y qué puedes hacer?" y "oh dios mío". Nos reímos de

lo que vimos, de lo que sabíamos, de lo que vivimos, y apenas hablamos más allá de eso. Nuestras vidas, nuestro matrimonio, nuestras colaboraciones están construidas en este mundo.

¿Existía la posibilidad de un amor y una risa que vivieran fuera de la estructura que nos había unido? ¿A quién podría contarle que aunque nunca abandonaría mi vida, a veces lo he deseado? *Hay un dolor, tan absoluto, que se traga la sustancia,* ¿a quién podría contárselo sin que sonara como una amenaza o la expresión del deseo de ser castigada? *Para que la memoria pueda rodearlo, cruzarlo, subirlo.* ¿A quién podría contárselo, y que la narración en sí fuera un espacio para habitar y quizás, tal vez, incluso bromear sobre una noche de tormenta? Bueno, este sería un buen día para partir, diría el imaginado. Este sería un amor que no habría que defender, que tendría un humor socarrón sobre los futuros. ¿Cómo se sentiría ese amor en cualquier Estados Unidos?

En este Estados Unidos todavía teníamos que lograr una risa que surgiera de nuestras propias conversaciones, de nuestra propia lógica loca, de nuestros propios deseos, la risa que encuentra su lugar en la realidad aunque no sea ninguna realidad que puedes tener sin conocer a una persona de verdad o al menos intentar conocerla para comprender los caminos individuales que cada uno construye para poder mantenernos unidos. La poeta Erica Hunt describe el amor como "una lectura detallada" que "me ayude a inventarme más a mí misma; en el futuro". Es la definición más viable que he encontrado hasta la fecha.

La gente se siente herida cuando le señalas la realidad que forma la experiencia porque la realidad no es su experiencia emocional, nos recordó ese día la consejera. Las estructuras que les dan forma a nuestras vidas son la arquitectura predeterminada en la que vivimos o en contra de la que vivimos. Pero estoy empezando a saber que los sentimientos pueden cambiar las estructuras. Si muchos hombres blancos pueden tener mucho de lo que quieren, incluyendo potenciales mujeres anónimas de cualquier edad que aún no han

Mientras [nosotros] permanezcamos juntos debe haber una posición de superior e inferior, y yo, tanto como cualquier otro hombre, soy partidario de que se asigne la posición superior a la raza blanca. Yo digo en esta ocasión que no considero que porque el hombre blanco vaya a tener la posición superior al negro se le debe negar todo. No afirmo que por no querer a una mujer negra como esclava, necesariamente debo desearla por esposa.

Abraham Lincoln

conocido, en una sociedad creada para apoyarlas con imágenes de oficiales y caballeros y personajes de ficción como Don Draper, eso no quiere decir, sugirió la consejera, que mi esposo no se sentirá devastado por mi ausencia.

Y si la mujer negra es la persona menos respetada, más desprotegida, más descuidada en Estados Unidos, como Malcolm X nos dijo antes de ser asesinado, y como Beyoncé nos recordó en su "álbum visual" *Lemonade*, eso no significaba que yo iba a perecer porque mi vida careciera de humor, como fue el caso cuando me estaba muriendo. Hay algo que decir por permanecer en nuestra preocupante realidad. Algunas realidades no son divertidas. Están hechas de verdades más vitales que ridículas, no importa si tienes mucho o poco tiempo.

extendidos

Debemos viajar a través de un velo nebuloso para llegar a un objeto humano. La blanquitud está en la forma de ver. Apenas podemos aferrarnos a lo que está siendo abordado. Pienso en lo que significa suavizar una imagen, como en su memoria, como en su memoria futura. El filtro cubre nuestras pupilas y actúa como una especie de catarata incluso cuando nuestras aperturas circulares negras se abren a la luz. La visión es borrosa y todas las declaraciones son proyecciones, conjeturas, educadas y no. Cuanto más se mira, más esfuerzo hacen los ojos por enfocar, por fijar una narración. Es un esfuerzo formular una oración declarativa. Pero ahora aparece una mujer como si una aparición se apoderara de la escena. Hay una mujer negra en el centro de las cosas que vive en medio de la blanquitud. El título de la fotografía, *Women with Arms Outstretched* [Mujer con los brazos extendidos], nos pide que miremos de cerca lo que ella está haciendo. El lenguaje del título, "extendidos", parece un exageración, una interesante exageración: optimista en su alcance del futuro, un tiempo por delante de ella. ¿Ella es evidencia de qué? ¿Las limitaciones temporales resultan ser limitaciones humanas? Una vez confundí el paso del tiempo con el cambio. Fue un uso descuidado de las faltas de libertad del lenguaje. La retórica de la blanquitud generó una confusión brutal. Incluso ahora, años después, muchísimos años después, en el mundo de la imagen, una espera. Los brazos de la mujer parecen moverse ligeramente hacia los costados. Su movimiento es captado por la imagen. ¿La fotografía refleja el momento anterior a la acción que el título afirma que realiza? ¿Qué se puede saber del momento fotografiado o de su título? Empiezo a preguntarme si "extendidos" es una forma de convocar un anhelo. Sus brazos se abren para llegar. ¿Qué es lo que ella ve que se viene? El anhelo inunda la blanquitud. La fotografía captura un paisaje urbano estadounidense que contiene una mujer negra "editada fuera de nuestra vista ", como la describe el fotógrafo Paul Graham. La fotografía pertenece a su serie *American Night* [Noche americana]. Quizás el anhelo que yo adoso a la imagen se origina en el fotógrafo blanco. Quizás la neblina blanca sea su propio intento de ver lo que el paisaje estadounidense mantiene fuera de su vista, un intento para el hombre blanco, para las personas blancas. ¿Todos? Graham dice que

Texto *Necropastoral. Este término no está en el diccionario. ¿Dónde lo escuché por primera vez? Tampoco existe y sin embargo se dijo y ahora se repite.*

Verificación Es cierto, no está en el diccionario, pero Joyelle McSweeney lo define a continuación.

Notas y fuentes "What Is the Necropastoral?" [¿Qué es la necropastoral?] por Joyelle McSweeney: "Escribí por primera vez sobre la necropastoral en enero de 2011. La necropastoral es una zona político-estética en la que el hecho de las depredaciones de la humanidad no puede separarse de una experiencia de la "naturaleza" que está envenenada, ha mutado, es aberrante, espectacular, está llena de efectos y afectos nocivos. La necropastoral es una zona no racional, anacrónica, muchas veces mira hacia atrás y no se suscribe a las coordenadas cartesianas o nociones de la Ilustración de racionalidad y linealidad, causa y efecto. No se adhiere al humanismo, pero le interesan las modalidades no humanas, como las de los insectos, los virus, las malas hierbas y el moho".

tienes para elegir superar tu propia ceguera mientras se ralentiza el proceso de ver sobreexponiendo la imagen. Quiere comunicar la dificultad de conocer a través de la vista. ¿La mujer en la escena está paseando a su perro? El perro es una bolsa. Puedo distinguir las asas. Ella la ha puesto en el suelo para liberar sus manos. Está dispuesta a esperar. Una vez que deje de ser el objeto de la mirada del fotógrafo, podrá hacer otra cosa. O en el imaginario de nuestra democracia, ella está siempre en la calle, encerrada para siempre en la calle confirmando la visión que el fotógrafo tiene de la negritud. O, justo después de que se cierra el obturador, ¿llega el autobús? La hierba sobre la que ella está parada no es un destino. Eso no es la naturaleza. Es un parche de pasto seco, una franja en el medio, entre infraestructuras, entre carriles de tráfico, entre ninguna parte y aquí, entre él y ella, entre él y yo, entre yo y ustedes. Es un recinto racializado. Una necropastoral. Este término no está en el diccionario. ¿Dónde lo escuché por primera vez? Tampoco existe y sin embargo se dijo y ahora se repite. Nací. En una narrativa de esclavos eso no significa nada. No tiene sentido. Yo nací y en medio de esta fotografía ahora me repiten para que el fotógrafo pueda ver lo que la blanquitud ha borrado y está borrando y borrará porque la vida blanca representa el problema del borrado. También hay otras palabras: mangueras, perros, genocidio, encarcelamiento, asesinato, muro, inmigración, ¿Necesita ayuda? ¿Por qué está usted aquí? ¿Vive usted aquí? ¿Puedo ver su identificación? ¿Es esta su casa? ¿Ella es su esposa? ¿Dentro de la forma de la mujer hay una mujer? ¿Al estar siendo humana soy un ser humano? ¿Brazos extendidos? Mentira. Mi postura mientras la vida se extiende en segundos, minutos, días, semanas, meses, años, décadas. Una vez fue 1619. El mes fue agosto. Me senté mirando fijamente una imagen que se desarrollaba. La vida. Una película de la blanquitud. Fue entonces cuando sonó la alarma de mi casa. Seguí el sonido hasta el Atlántico.

hija

Porque quiero el mundo para mi hija, y cuando digo mundo, digo mundo, he tenido el pensamiento más corrupto del año. Es el momento de las reuniones de otoño entre padres y maestros en su escuela predominantemente blanca, y creo que, si su padre blanco va solo, el prejuicio racial inconsciente de sus maestros no será gatillado por mí para terminar cayendo sobre ella. Oh Dios. Oh Dios. Oh Dios.

Once personas acaban de recibir un disparo en una sinagoga a manos de un terrorista blanco. "No nos reemplazarán, los judíos no nos reemplazarán" fue el canto que inundó las calles de Charlottesville hace dos veranos. "Gente muy buena en ambos lados" fue cómo vio el asunto el presidente que se identifica a sí mismo como nacionalista. Dos personas negras han recibido disparos en Kroger's después de que un nacionalista blanco no pudiera entrar en una iglesia negra. Iglesia negra tras iglesia negra están siendo incendiadas después de que nueve personas fueran asesinadas a tiros mientras estudiaban la Biblia en la Iglesia Episcopal Metodista Africana Emanuel por un supremacista blanco descrito como alguien de "ojos tristes", un terrorista doméstico ha enviado por correo bombas caseras a las oficinas de los principales medios de comunicación y figuras políticas demócratas, y, y, y. Después de una ráfaga de correos de odio, acaban de instalar un sistema de alarmas en mi casa que me tranquiliza y me hace sentir como si viviera en un fuerte en el medio de una guerra civil. Un amigo que ha pasado a visitarme justo cuando llega el cartero me dice que no abra los paquetes dentro de la casa. ¿Porque quiero este mundo para mi hija?

Otra amiga blanca me dice que tiene que defenderme todo el tiempo frente a sus amigos blancos que piensan que estoy radicalizada. ¿Por qué? ¿Por decirles blancos a los blancos? ¿Por no querer que las personas negras desarmadas sean baleadas en nuestras calles o que las chicas negras sean arrojadas de un lado del salón de clases a otro y golpeadas contra el piso por oficiales de la policía? (La mayoría de estas acciones, hasta ahora, fueron cometidas por hombres blancos en los casos documentados.) ¿Qué significa todo eso? Le pregunto.

Texto *Mientras estamos sentados frente a sus profesores blancos, sonrío y asiento con la cabeza, pero en realidad solo quiero preguntarles si piensan activamente en su inevitable racismo inconsciente y prejuicio implícito, que es ineludible dado nuestro mundo, el mismo mundo que quiero para mi hija.*

Notas y fuentes en "The Power of Teacher Expectations: How Racial Bias Hinders Student Attainment" [El poder de las expectativas de los maestros: cómo el sesgo racial obstaculiza el logro de los estudiantes], Seth Gershenson y Nicholas Papageorge utilizaron el Estudio longitudinal de educación de 2002 (que "siguió a una cohorte de estudiantes de décimo grado durante una década" e incluyó una encuesta sobre las expectativas de los maestros sobre sus estudiantes) para encontrar que "los maestros blancos, que constituyen gran mayoría de los educadores estadounidenses, tienen expectativas mucho más bajas respecto a los estudiantes negros que a los estudiantes blancos en situaciones similares. Esta evidencia sugiere que para aumentar el rendimiento de los estudiantes, particularmente entre los estudiantes de color, elevar las expectativas de los maestros, eliminar los prejuicios raciales y contratar un cuerpo docente más diverso son metas dignas". Véanse también los mismos autores en el artículo de la *Economics of Education Review*, "Who Believes in Me? The Effect of Student–Teacher Demographic Match on Teacher Expectations" [¿Quién cree en mí? El efecto de la correspondencia demográfica entre alumnos y maestros en las expectativas de los maestros], por Seth Gershenson, Stephen B. Holt y Nicholas W. Papageorge.

No me defiendas. No por ser humana. No por querer que otros puedan simplemente vivir sus vidas. No por querer que simplemente seamos capaces de vivir.

El deseo de quedarme en casa y no ir a la reunión de padres y maestros parece algo bastante sensato, incluso cuando el pensamiento me inquieta y hace que le dé vueltas y una y otra vez a la idea. De cualquier manera, no puedo evitar ir a conocer a los profesores de mi hija. Mientras entramos en el gimnasio de la escuela, mi marido blanco menciona que no ve ningún profesor de color. Dado que no he compartido mi versión de este pensamiento con él, su ansiedad podría o no tener que ver conmigo de alguna forma.

"Cualquiera que diga algo está diciendo eso", afirma un grabado de Eve Fowler colgado en nuestra casa. Está ahí como recordatorio. ¿Qué está diciendo mi marido? Si hubiera reflexionado el tiempo suficiente sobre el pensamiento que recién articuló, ¿hubiera terminado en el mismo lugar jodido que incluye que yo me quede en casa para no gatillar el prejuicio racial de los maestros blancos? ¿Desearía que yo me fuera porque estoy subrepresentada? ¿Se siente él sobrerrepresentado? ¿Qué sentimiento es ese? ¿Su propia blanquitud lo ahoga? ¿O simplemente tiene ganas de solucionar las cosas? Cualquiera que sea el caso, él también tiene sentimientos. ¿Siente ansiedad por el mundo o por este lugar en particular? ¿O por las dos cosas?

Oh Dios. Contamos solo dos maestros negros. Nuestra hija no está en ninguna de sus clases. Sabemos que a nuestra hija le encantan sus cursos y habla muy bien de sus maestros. OK. OK. Mientras estamos sentados frente a sus profesores blancos, sonrío y asiento con la cabeza, pero en realidad solo quiero preguntarles si piensan activamente en su inevitable racismo inconsciente y prejuicio implícito, que es ineludible dado nuestro mundo, el mismo mundo que quiero para mi hija. Es un trabalenguas. Hasta me falta el aire cuando lo digo.

Y eso significó que generaciones de niños afroamericanos jóvenes fueran presionados para lograr esta misión [de integración]. Y los enviamos a lugares que no eran seguros, donde fueron humillados y sus egos diezmados en estructuras, como dijo Toni Morrison, "Ahí no aman a nuestros hijos". Y estas generaciones de niños afroamericanos se han sentido abandonados, y hay un abismo que ha crecido entre los más jóvenes y los afroamericanos mayores basado en que los jóvenes se sintieron abandonados. Y no entienden, ¿por qué los enviamos, siendo niños pequeños, a lugares así sin ninguna protección?

Ruby Sales

Cada uno de sus profesores desea saber si tenemos alguna pregunta. Solamente una pregunta vive y respira entre nosotros. Solo una pregunta tironea de mí como un niño que quiere mi atención. Tranquilícenme. Háganlo. Vamos. Háganlo. Sabiendo que el ADN de la blanquitud incluye defenderse de mi conocimiento de nuestra historia compartida al punto de olvidar la historia y enmarcarlo todo en un punto de vista económico o universal como si eso borrara el racismo, ¿qué harían, qué podrían decir? *Sé que soy blanco y su hija es mestiza y usted es negra.* Si empezáramos, ¿qué pasaría? *Lo sé y a veces pienso...* ¿Qué piensas? Más importante aún, ¿qué piensas cuando no estás pensando?

Miro mi entorno y me pregunto por todos los padres blancos que me rodean. ¿Alguno de ellos tiene miedo de que estos maestros blancos estén sobrerrepresentado la raza de su hijo y, por lo tanto, esté afirmando el dominio blanco y el pensamiento jerárquico blanco? ¿A alguien le preocupa que estos maestros blancos, con su abrumadora representación de la blanquitud, estén confirmando las estructuras racistas a las que todos estamos sujetos? ¿Cuál es mi objetivo aquí?

No sé si mi hija está negociando en los mismos momentos que tuve •
que hacerlo yo cuando era estudiante de secundaria. ¿Cómo pudo hacerlo ella? Ella no es yo. Por todo lo que le he dicho, por todo lo que ha leído, ¿cómo le está yendo en el día a día? ¿Por qué no me he acostumbrado a las estructuras sistémicas que afirman mi falta de valor? ¿Qué necesito ver? ¿Qué tendría que sentir para poder confiar en que se le dará a mi hija el espacio que necesita para estar sentada en sus aulas?

¿Qué haría falta para que me sintiera un poco a gusto? ¿Un grupo de padres blancos acercándose a mí y a mi esposo para expresar su preocupación por la falta de diversidad entre los miembros del profesorado? ¿Un grupo de profesores que se nos acerque para decirnos que sabemos cómo es esto? Quizás realmente quiero creer que no conozco las respuestas porque no las conozco. Quizás quiero creer

que en algún lugar de este vasto gimnasio hay una grieta, una grieta en mis propias posibilidades imaginarias. Quiero el mundo para mi hija.

Mis días en la escuela secundaria y la universidad estuvieron salpicados de maestros que hicieron todo lo posible por ayudarme. Todos ellos eran blancos en las escuelas privadas y católicas a las que asistí. Solo se necesita uno, es la lógica anecdótica o la suerte circunstancial. Pero por cada maestro que recuerdo que me apoyó, puedo recordar dos o tres que estaban socializados para no verme. Cuando era adolescente no tomé su comportamiento como algo personal. Eran algo para observar. Incluso en aquel entonces, con respecto a los que ignoraban mi mano levantada y para quienes yo era invisible, entendí pasivamente su desprecio o su indiferencia como "cosas de los blancos", consideré sus actitudes como algo instintivo antes que reactivo.

Le pregunto a una amiga blanca con tres hijos mestizos, ahora mayores, si estaba preocupada por el trato que recibían en la escuela. Ella dice que en realidad lo único que le preocupaba era si la maestra iba a "entender" a su hijo. "¿La maestra entiende la particularidad de mi hijo?, es lo que pensaba", me explicó. En la secundaria, mi amiga asistió a la escuela para chicas Miss Porter's School, y nunca pensó en la relación de ningún maestro con su blanquitud. Con sus propios hijos, aunque se identifican como negros, no se preocupó por el personal y el alumnado predominantemente blancos de sus escuelas. Revisando algunas situaciones del pasado, recuerda que una maestra le preguntó qué edad tenían sus hijos cuando los adoptó. Pensar que el padre podía ser negro no entraba en la imaginación de la maestra blanca. Su hijo recuerda a otra maestra que le preguntó a su mamá, ¿cómo puede ser este tu hijo si no tiene tu cabello rubio? Supongo que yo era naif, agrega después, como una especie de conclusión.

Esta idea de una preocupación compartida con otros padres blancos con respecto a la falta de diversidad en la escuela de mi hija

Texto (...) *padres blancos que ahora viven en el distrito gentrificado se resistieron a la integración de las escuelas intermedias públicas que ahora son predominantemente blancas.*

Notas y fuentes Según un estudio de 2016 del Furman Center que rastrea la gentrificación de los vecindarios de la ciudad de Nueva York, en la sección de Harlem del Distrito 3 y áreas adyacentes, Hamilton Heights, Manhattanville y West Harlem, la población blanca aumentó en un 55 por ciento, junto con las poblaciones asiática e hispana. La población negra se redujo en un 41 por ciento.

Michael W. Kraus, Julian M. Rucker y Jennifer A. Richards, "Americans misperceive racial economic equality" [Los estadounidenses perciben erróneamente la igualdad económica racial] (PNAS: Actas de la Academia Nacional de Ciencias de Estados Unidos): "Los resultados de los estudios actuales sugieren que los estadounidenses perciben de manera errónea la igualdad económica basada en la raza. De hecho, nuestros resultados sugieren una tendencia sistemática a percibir un mayor progreso hacia la igualdad económica racial de lo que realmente se ha logrado, en gran parte impulsado por sobreestimaciones de los niveles actuales de igualdad. Aunque esta tendencia a sobreestimar la igualdad económica racial actual se observó tanto entre los estadounidenses blancos como entre los negros, también hubo una división de estatus significativa en la magnitud de estas percepciones erróneas: las sobreestimaciones de los estadounidenses blancos de altos ingresos sobre la igualdad económica racial actual eran mayores que las generadas por estadounidenses blancos de bajos ingresos y por estadounidenses negros en toda la distribución de ingresos. Además, los resultados actuales sugieren que la tendencia a sobreestimar la igualdad racial probablemente esté determinada por factores tanto motivacionales como estructurales que llevan a las personas a negar y/o ignorar las formas en que la raza continúa moldeando los resultados económicos en la sociedad contemporánea".

Texto *El plan significaría que los niños con puntajes más bajos en las pruebas (escuche: desigualdad económica basada en la raza) tendrían la oportunidad de asistir a una escuela con mejores recursos.*

Notas y fuentes *Chalkbeat*: "Another Integration Plan for Upper West Side Middle Schools Is Met with Some Support, but Also Familiar Concerns" [Otro plan de integración para las escuelas intermedias del Upper West Side recibe cierto apoyo, pero también preocupaciones de las familias], por Christina Veiga: "Aunque se ha demostrado en general que la diversidad beneficia a los estudiantes (...) [un padre en la escuela pública 84] señaló estudios que mostraron efectos negativos cuando los estudiantes estaban mezclados por niveles de capacidad. 'La investigación sugiere que no funcionará y, de hecho, puede ser contraproducente', dijo. 'Creo que exigir la diversidad académica y tomar un solo modelo para realizarla representa un perjuicio'".

parece un pensamiento sin sentido. Lo estoy ensayando, aunque sé que muchos de mis amigos blancos recién ahora, frente a un presidente nacionalista, están lidiando con lo que trae aparejada su blanquitud. Para empezar, lo que significa haber sido criado por personas blancas que fueron criadas por personas blancas que fueron criadas por personas blancas que fueron criadas por dueños de esclavos, o no. Es por eso que nadie debería haberse sorprendido por el debate de las escuelas públicas del Distrito 3 en el Upper West Side y en el sur de Harlem, donde los padres blancos "conscientes" •
que ahora viven en el distrito gentrificado se resistieron a la integración de las escuelas intermedias públicas que son ahora predominantemente blancas. Muchos padres blancos se indignaron ante la idea de abrir el 25 por ciento de los asientos escolares para niños con calificaciones por debajo de los estándares en las pruebas de competencia y que reciben almuerzo gratuito o subvencionado, una medida que haría que el alumnado fuera más diverso. La preocupación respecto a la posible falta de vacantes para sus hijos hizo que se enojaran de forma increíble y ese enojo fue hecho público por el director de la escuela, defensor de la integración. La sorpresa del director por el comportamiento de los padres me sorprende. ¿Para qué gente pensaba que trabajaba?

El plan significaría que los niños con puntajes más bajos en las •
pruebas (presten atención: desigualdad económica basada en la raza) tendrían la oportunidad de asistir a una escuela con mejores recursos. Como se informó, un padre blanco argumentó que traer estudiantes menos preparados a la escuela pública local crearía un "síndrome del impostor" para esos niños. ¿Lo que estaba diciendo era que creía que esos niños iban a fingir ser blancos o iban a fingir ser educados? "Ya sea que se base en lo académico, en la raza o en la economía, la segregación es mala para los niños", argumentó un director. "Cuando somos una familia, tratamos de velar por el mejor interés de todos los niños, no solo de los de nuestro hogar". Otro padre blanco sintió, como informó el *New York Post*, que "hay algunas escuelas intermedias realmente buenas en la ciudad de Nueva York y no deberían ser solo los niños ricos los que puedan asistir a ellas (…) La integración escolar es aterradora. Incluso

Texto *La incapacidad de la gente blanca para ver a los niños no blancos como niños es una realidad que, francamente, te deja sin esperanza sobre la posibilidad de un cambio en las actitudes respecto a la percepción de las personas negras como humanas.*

Notas y fuentes Juliet Hooker, "Black Protest / White Grievance: On the Problem of White Political Imagination Not Shaped by Loss" [Protesta negra / duelo blanco: Sobre el problema de la imaginación política blanca que no ha sido moldeada por la pérdida] (The South Atlantic Quarterly): "La imaginación política de los ciudadanos blancos no ha sido moldeada por la experiencia de la pérdida, sino más bien por diferentes formas de supremacía blanca y [...] esto da como resultado una forma distorsionada de matemática política racial que ve las ganancias de la gente negra como pérdidas de los blancos, y no simplemente pérdidas sino también como derrotas. Como resultado, en momentos en que el privilegio blanco está en crisis porque el dominio blanco está amenazado, muchos ciudadanos blancos no solo no pueden o no quieren reconocer el sufrimiento de la gente negra, sino que además movilizan un sentido de victimización blanca en respuesta".

Texto *Estamos muy tristes agitándonos dentro de las repeticiones e insistencias de "la vida después de la muerte de la esclavitud".*

Notas y fuentes Saidiya Hartman, *Lose Your Mother: A Journey Along the Atlantic Slave Route* [Perder a tu madre: un viaje a lo largo de la ruta de esclavos del Atlántico]: "Si la esclavitud persiste como un problema en la vida política del Estados dos Unidos negro, no es por una obsesión antigua con días pasados o la carga de una memoria demasiado larga, sino porque las vidas de los negros todavía están en peligro y siguen siendo devaluadas por un cálculo racial y una aritmética política afianzados hace siglos. Esta es la vida después de la muerte de la esclavitud: oportunidades de vida sesgadas, acceso limitado a la salud y la educación, muerte prematura, encarcelamiento y empobrecimiento. Yo también soy la vida después de la muerte de la esclavitud".

cuando es la respuesta correcta, da miedo". ¿Lo que quiere decir es que estar cerca con personas no blancas es una amenaza?

La incapacidad de los blancos para ver a otros niños que no sean niños blancos como niños es una realidad que, francamente, te deja sin esperanza sobre la posibilidad de un cambio en las actitudes con respecto a la percepción de humanidad en la gente negra. La frase "son solo niños" existe con el supuesto tácito "excepto cuando son negros". El pensamiento completo vive debajo de la urbanidad de más blancos de los que uno se imagina y muchas personas de color "excepcionales" cuya economía los acerca a identificarse con el dominio blanco y el racismo contra los negros. También existen negros que sienten vergüenza de la pobreza negra y marrón porque ven la vida a través de los lentes de la discriminación blanca y entiendes su propio carácter excepcional como poco convincente ya que su óptica está manchada por una población negra desfavorecida en general. Estamos muy tristes agitándonos dentro de las repeticiones e insistencias de "la vida después de la muerte de la esclavitud".

Además, un proyecto de ley que habría reemplazado la prueba estandarizada SHSAT y les habría dado a los mejores niños de todas las escuelas intermedias de la ciudad el acceso a las escuelas secundarias de programas especiales gratuitas nunca llegó al Senado de Nueva York. Eliza Shapiro y Vivian Wang informaron que "algunas familias asiáticas argumentaron que el plan del alcalde discriminaba a los estudiantes asiáticos de bajos ingresos que ahora son mayoría en las escuelas". Por ejemplo, Shapiro y Wang señalaron que de las 895 vacantes disponibles en Stuyvesant High School en 2019, solo siete fueron para estudiantes negros. Aparentemente, los estudiantes negros e hispanos de bajos ingresos son prescindibles en las conversaciones sobre la segregación tanto en las escuelas intermedias como en las secundarias. Conocíamos la posición de muchos padres blancos respecto de las políticas que integrarían a niños negros y marrones, pero ahora algunos padres asiáticos están adoptando la retórica codificada racialmente y las posiciones que suelen escucharse de parte de algunos blancos.

Texto *Alguien blanco que no está completamente identificado con la blanquitud y que incluso todavía tiene la capacidad de sorprenderse ante sus modos estilo Jim Crow.*

Verificación Sí, educación y conexión con Jim Crow.

Notas y fuentes de Frederick Douglass a un desconocido (transcripción):

Mi querido señor:
Washington, D.C., 23 de noviembre de 1887
Disculpe la demora: la respuesta a su carta hizo necesaria una cuidadosa investigación. De todo lo que pude averiguar, los abogados de color están admitidos para ejercer en los tribunales del sur, y estoy muy contento de saludar este hecho, porque implica una maravillosa revolución en el sentimiento público de los estados del sur. Todavía no sé cuáles son las desigualdades entre las razas en cuanto a los privilegios escolares en el sur: en algunos estados, el tiempo asignado a las escuelas de color es menor que el permitido a los blancos. Y he escuchado y creo que en ninguno de los estados los maestros de escuelas de color son tan bien pagos como los maestros de escuelas blancas. Mi propia observación ha sido que los maestros blancos de las escuelas de color en los estados del sur muestran poco interés en sus alumnos. Esto no es extraño, ya que han sido seleccionados como profesores más por sus necesidades que por cualquier interés que hayan mostrado en el progreso y elevación de la raza de color. No digo esto de todos, sino de los que están en Virginia, por ejemplo, que he podido observar.

En Kentucky, creo que en lo que respecta a la ley, se otorgan las mismas ventajas escolares para los niños de color, y lo mismo puede ocurrir en otros estados. Creo que la Oficina de Educación le dará toda la información que pueda necesitar en este aspecto de sus preguntas, nuestros errores no están ahora tanto en leyes escritas que todos pueden ver, sino en las prácticas ocultas de un pueblo que aún no ha abandonado la idea de control y dominio sobre su prójimo.

Con gran respeto. Atentamente.

Fredk Douglass
Cedar Hill Anacostia D.C. 23 de noviembre de 1887

La vigilancia del director de la escuela de Upper West Side en el debate del Distrito 3 sea quizás el elemento sorpresa que mi esposo y yo buscamos en el mundo de nuestra hija. Alguien blanco que • no está completamente identificado con la blanquitud y que incluso todavía tiene la capacidad de sorprenderse ante sus modos estilo Jim Crow.

¿Qué queremos para nuestra hija? Quizás la capacidad de negociar el mundo con una imaginación empática. Lo que nos llevó a mi esposo y a mí al gimnasio es el conocimiento de que, aunque los sistemas racistas profundamente arraigados se reafirman y la evidencia está ahí para que la veamos, todavía quiero un mundo para mi hija que es más que este mundo, un mundo que ya contiene a nuestra hija en su interior.

notas sobre el estado de la blanquitud

NOTAS sobre el estado de VIRGINIA;
escrito en el año 1781, corregido y au-
mentado en el invierno de 1782, para el
uso de un distinguido extranjero, en respuesta a ciertas consultas propuestas por
él respecto a

MDCCLXXXII.

Modificar las reglas de herencia, de modo que las tierras de cualquier persona que muera intestada deberán dividirse en partes iguales entre todos sus hijos u otros representantes en el mismo grado.

Distribuir a los esclavos y otros bienes móviles entre los parientes próximos.

Emancipar a todos los esclavos nacidos después de la aprobación de la ley. El proyecto reportado por los revisores no contiene en sí mismo esta proposición; pero se preparó una enmienda que la contiene para ser ofrecida a la legislatura cuando se trate el proyecto.

Seguramente se formulará la pregunta: ¿Por qué no retener e incorporar a los negros al Estado, y así ahorrar el gasto de cubrir las vacantes que ellos dejarán con colonos blancos importados? Prejuicios profundamente arraigados en los blancos; diez mil recuerdos por parte de los negros de las lesiones que han soportado; las distinciones reales que ha realizado la naturaleza y muchas otras circunstancias, nos dividirán en partes y provocarán convulsiones que probablemente nunca terminarán hasta que una raza extermine a la otra.

La primera diferencia que nos sorprende es la del color. Si la negritud del negro reside en la membrana reticular entre la piel y la epidermis, o en la epidermis misma;

si proviene del color de la sangre, el de la
bilis o el de alguna otra secreción, la diferencia se fija en la naturaleza y es tan
real como si su lugar y causa fueran mejor
conocidos por nosotros. ¿Y esta diferencia no tiene importancia? ¿Acaso no es el
fundamento de una mayor o menor porción de belleza en las dos razas?

el juicio de ellas a favor de
los blancos, declarado por su preferencia
de los blancos de forma tan uniforme
como es la preferencia de los orangutanes
por las mujeres negras por sobre las de su
propia especie. La circunstancia de la
belleza superior, es algo a lo que presta-
mos atención en la reproducción de nuestros caballos, perros y otros animales do-
mésticos; ¿por qué no hacerlo también en
la del hombre?

Quizás también una diferencia de estructura en el aparato pulmonar, que un expe-
rimentalista ingenioso* de los últimos
tiempos descubrió como el principal regu-
lador del calor de los animales, los haya
deshabilitado de exhalar en el acto de inspiración

                         Parecen requerir
menos sueño.

                          Son igual de
valientes

---

* Crawford.

Sus dolores son pasajeros.

En general, su existencia parece participar más de la sensación que de la reflexión. Esto explica su disposición para dormir cuando se abstraen de sus diversiones y no están siendo empleados en trabajo alguno. Un animal cuyo cuerpo está en reposo y que no reflexiona debe ser puesto a dormir, por supuesto.

me parece que en cuanto a memoria son equivalentes a los blancos; en razón muy inferiores.

Sería injusto seguirlos hasta África para esta investigación. Los consideraremos aquí, en el mismo escenario que los blancos

Muchos millones de ellos fueron traídos a América y muchos nacieron en América.

muchos han estado ubicados en lugares tales que han podido sacar provecho de las conversaciones de sus amos

Algunos han sido educados liberalmente

Dibujarán un animal, una planta, o un país, como forma de probar la existencia de una gema en sus mentes que solo quiere ser cultivada.

Pero todavía no he podido encontrar a un negro que exprese un pensamiento por sobre el nivel de la narración llana; nunca vi siquiera un rasgo elemental de pintura o escultura. En música son en general más dotados que los blancos con oído correcto para el tono y el ritmo.

La miseria suele ser familiar de los trazos más conmovedores en poesía: entre los negros hay bastante miseria, sabe dios, pero ninguna poesía.

no podría producir un poeta.

antorchas tiki

Productos TIKI Brand
56 mins · 🌐

TIKI Brand no tienen ninguna relación con los eventos que tuvieron lugar en Charlottesville y estamos profundamente tristes y decepcionados. No apoyamos el uso de su mensaje o el uso de nuestros productos de esta forma. Nuestros productos están diseñados para hacer mejores las reuniones en jardines y ayudar a familias y amigos a conectarse en su propio jardín.

6 veces compartido

👍 Me gusta   💬 Comentar   ↪ Compartir

 18

Un año después de que James Alex Fields Jr. condujera intencional-mente su auto contra un grupo de personas que protestaban contra una marcha nazi y matara a Heather Heyer en Charlottesville, Virginia, le menciono a un amigo blanco que aunque hubo una cruz ardiendo el otoño antes de que llegáramos a la universidad en 1981, en ese entonces no me di cuenta de cuántos actos terroristas de supremacismo blanco se referían esencialmente a mí. Mi presencia, a pesar de que yo era desconocida e invisible para quienquiera que le prendiera fuego a la cruz aquel año, estaba siendo marcada como un objetivo estadounidense. Han pasado casi cuarenta años y mi amigo, sentado frente a mí en la mesa de su comedor, dice que no tenía idea de que nuestra alma mater fuera un lugar donde se quemó una cruz. Nadie lo había mencionado.

Este hombre blanco y yo nos hemos visto con poca frecuencia pero de manera constante a lo largo de los años. Él asiste a mis eventos, algo que tomo como apoyo de nuestra amistad y mis esfuerzos. Lo aprecio tanto a él como a su esposa, y aunque nunca he viajado para visitarlo especialmente, encontrarme con él es siempre una alegría extra cuando tengo que ir a las Ciudades Gemelas. Organizamos cenas en uno u otro lugar, hablamos sobre la vida de nuestros hijos y nos preguntamos sobre amigos mutuos. Pasan los años y mante-nemos el mismo nivel de comodidad y familiaridad. Me agradaba a los dieciocho años y me agrada en mi edad mediana, pero me pregunto si es una exageración pensar en el recuerdo de la cruz ar-diendo como una diferencia fundamental o una deficiencia de algo entre nosotros.

Quiero decir, estoy bastante segura de que sucedió.

Ambos sacamos nuestros teléfonos.

Vaya, dice, habiendo localizado el evento en el banco de memoria de su buscador.

Texto *¿Podría nuestra cercanía en la universidad atribuirse en parte a la comprensión de lo que sigue siendo posible dada nuestra historia?*

Notas y fuentes La fotografía es de la marcha del Klan en 1925 en Washington. *The Washington Post* ofreció dos artículos retrospectivos en 1982 y 2018. Al parecer, el Klan intentó realizar nuevamente la marcha varias veces, incluso en 1982. Algunos detalles sobre la marcha original tomados del artículo de 1982: "Según los artículos de *The Washington Post*, las delegaciones estatales más grandes no vinieron del sur, sino de Nueva Jersey y de Pensilvania. El superintendente de policía interino Charles A. Evans (…) estimó la multitud entre 30.000 y 35.000". (Se observaron estimaciones más altas; consúltese el artículo de *The Atlantic* citado a continuación). "Los miembros del Klan llegaron en más de 18 trenes especiales (…) La retórica del desfile, según las imágenes y las noticias de la época, no se centró principalmente en la raza, sino en el 'americanismo' y los miedos culturales de un pueblo que se veía amenazado por la inmigración (…) El sentimiento anticatólico fue particularmente alto".

Véase también Joshua Rothman, "When Bigorty Paraded through the Streets" [Cuando el fanatismo desfilaba por las calles], *The Atlantic*: "El 8 de agosto de 1925, más de 50.000 miembros del Ku Klux Klan desfilaron por Washington DC".

Parece perplejo por su propia falta de conocimiento. Vaya, repite. Mientras lo miro, me doy cuenta de que estoy viendo lo que la blanquitud le hace a la realidad o, más bien, a su memoria. La poeta Emily Dickinson garabateó en un sobre: "Pero no son todos los hechos sueños tan pronto como los dejamos atrás". Nadie con quien se encontró (administración, facultad, amigos, estudiantes de último año) pensó que la quema de una cruz era digna de mención, lo suficientemente importante como para ser mencionada, o si se mencionó, no se hizo de tal manera que se abriera un entendimiento que lo cimentara en su memoria.

Empiezo a preguntarme cuál de mis amigos blancos de la universidad sabía sobre la quema de la cruz y todavía la recuerda como parte de su experiencia universitaria y de la vida estadounidense. Puedo contar con los dedos de una mano a las personas de la universidad con las que sigo en contacto. Decido llamar a una amiga blanca cercana que creo que podría recordar el hecho, pero, con toda honestidad, mis expectativas son bajas. Esta amiga sigue siendo alguien con quien me gusta hablar con regularidad. Y, algo raro y fortuito, lo que sucede es que cuando le pregunto sobre la quema de la cruz, me entero de que fue ella quien la denunció. Ella presenció el acto y vio a quienes lo llevaron a cabo. Quizás, aunque no lo recuerdo, haya sido ella quien me lo contó. ¿Podría nuestra cercanía en la universidad atribuirse en parte a la comprensión de lo que sigue siendo posible dada nuestra historia? Aunque estuve lejos del evento, permaneció como parte del paisaje en que pasé mis años universitarios.

Mi amiga tiene la apariencia y el pedigrí de una persona WASP. Hay cabello rubio natural, ojos azules y una familia por parte de su padre que se remonta a los tiempos del *Mayflower*. Ella lo sabe, yo lo sé, todos lo sabemos en el momento en que la vemos. El suyo es un mundo de escuelas privadas de Nueva Inglaterra, la universidad que compartimos que supo ser exclusiva de caballeros, y las instituciones de posgrado de la Ivy League. Tenemos poco en común más allá de nuestra educación, pero aun así seguimos estando

Texto *Me pregunto si la gente blanca no desarrolla amistades con personas de color, especialmente negros, porque no quieren verse implicados o confrontados por la violencia blanca contra personas de raza negra. Imagínese ir a la casa de un amigo negro y sentarse a cenar con un enrome vaso de agua contaminada con plomo.*

Verificación Tal vez.

Notas y fuentes En 2017, una agencia estatal llamada Comisión de Michigan sobre Asuntos Civiles concluyó que el racismo sistémico desempeñó un papel clave en la crisis y el mal manejo de ella: "La gente de Flint ha sido sometida a daños sin precedentes y dificultades en gran parte causadas por la discriminación estructural y sistémica y el racismo que han corroído su ciudad, sus instituciones y sus tuberías de agua durante generaciones".

Un informe reciente de las Actas de la Academia Nacional de Ciencias, "Inequality in Consumption of Goods and Services Adds to Racial-Ethnic Disparities in Air Pollution Exposure" [La desigualdad en el consumo de bienes y servicios se suma a las disparidades étnicas y raciales en la exposición a la contaminación del aire], encontró que los negros y los hispanos no blancos respiran desproporcionadamente aire contaminado por blancos no hispanos: "Los negros están más expuestos que los blancos/otros a la contaminación de todos los grupos emisores. Lo mismo ocurre con los hispanos, con la excepción de las partículas $PM_{2.5}$ provenientes de la agricultura, de los servicios de carbón y de la combustión de madera residencial, para los cuales están expuestos a 11%, 40% y 14% menos, respectivamente, que los blancos /otros. Estos tres tipos de emisiones se concentran en regiones de Estados Unidos con poblaciones hispanas relativamente bajas. Los blancos/otros consumen más (y causan más exposición) que los negros y los hispanos en las siete categorías de uso final" (Christopher W. Tessum *et al.*).

cerca. Ella salía de una fiesta de la Unión de Estudiantes Negros en el fin de semana de regreso a casa cuando se encontró con la cruz en llamas. Ver la cruz no la hizo consciente de la gente negra, pues ya tenía una vida integrada, pero sin duda ayudó que las conversaciones entre nosotras fueran menos difíciles.

Me pregunto si los blancos no desarrollan amistades con personas de color, especialmente negros, porque no quieren verse implicados o confrontados por la violencia blanca contra personas de raza negra. Imagínese ir a la casa de un amigo negro y sentarse a cenar con un enorme vaso de agua contaminada con plomo. Estoy siendo fantasiosa, lo sé (los blancos no necesitan pensar en los negros la mayor parte del tiempo), pero si sigo esta línea de lógica, me imagino que la violencia complica todas las aspiraciones equivocadas de cualquier cosa postracial. Entonces la persona blanca tendría que negociar con el peligro real y presente incluso cuando otros insisten en que los negros necesitan simplemente "levantarse". La proximidad de mi amiga a estudiantes predominantemente negros en la fiesta de la sede la enfrentó literalmente cara a cara con el terrorismo blanco. Me pregunto cómo procesó todo aquello.

¿Qué sucedió? Le pregunto. ¿Qué pasó y que pensaste?

En 1980, cuando era estudiante de primer año en la universidad, uno de mis mejores amigos y la persona con la que compartía habitación en el segundo año era un hombre negro. Fuimos a muchas fiestas juntos y una noche fuimos a una fiesta de la Unión de Estudiantes Negros en uno de los dormitorios del campus. Estaba abierto a todo el mundo, así que, como mujer blanca, era bienvenida. Me fui de la fiesta temprano, y mientras salía del edificio hacia la oscuridad de un área cubierta de hierba junto a un grupo de árboles, vi a dos hombres vestidos con túnicas blancas corriendo hacia los árboles. Encendieron algo en el fuego y una cruz que habían colocado esa noche estalló en llamas mientras se alejaban a toda velocidad del lugar. Ocurrió muy rápido. Supongo que podría haberlos perseguido, pero volví corriendo a donde otros amigos estaban bailando y comencé a gritar para que fueran a mirar. Todos

131

Texto *Estoy segura de que fue mucho más perturbador para los estudiantes negros.*

Notas y fuentes La marcha "Unite the Right" [Unir a la derecha] se organizó en respuesta a los crecientes llamamientos para retirar la estatua confederada en la ciudad. Esa estatua se colocó en la ciudad de Charlottesville en 1924 (un año antes de la marcha del Klan en Washington). En febrero de 2016, la ciudad votó para eliminarla de Lee Park y cambiar el nombre del parque. Fueron demandados por organizaciones llamadas "Monument Fund" [Fondo por el monumento] y "Virginia Division of the Sons of Confederate Veterans" [División de Virginia de los Hijos de los Veteranos Confederados], entre otras. La manifestación "Unite the Right" se llevó a cabo el 12 de agosto de 2017, en respuesta a la remoción prevista de la estatua.

corrieron hacia las ventanas y hacia afuera. *Alguien llamó a seguridad, y en realidad no recuerdo si esperamos que los de seguridad apagaran el fuego o si alguien de la fiesta lo hizo. Fue un gran impacto. ¿Cómo alguien que vivía en nuestra comunidad podía estar dispuesto a cometer un acto tan ofensivo y repugnante? ¿Cómo un grupo de personas podían hacer eso todas juntas?*

Como testigo principal, pasé un tiempo con los miembros del staff de seguridad describiendo lo que había visto. Unos días después, me pidieron que fuera al edificio de la administración, donde me senté con algunos administradores superiores que me mostraron una colección de fotografías y me preguntaron si se trataba de alguno de los perpetradores. Estaba oscuro, yo estaba lejos, tenían sábanas puestas. No había forma de que pudiera identificar a los hombres que lo habían hecho. Me pidieron que fuera a la oficina por segunda vez para ver otra colección de posibles perpetradores. Una vez más, les dije que no veía ningún rostro lo suficientemente bien como para identificar a las personas.

Yo tenía dieciocho años. Soy blanca. Pero entendía lo ofensivo y perturbador que era que la gente encendiera una cruz junto a una fiesta de la Unión de Estudiantes Negros. Estoy segura de que fue mucho más perturbador para los estudiantes negros. Yo pude seguir adelante, pero no sé cómo se sintieron los demás estudiantes después de eso. Mi amigo se lo tomó con calma. Son solo unos pocos tipos estúpidos.

Las preguntas que me he hecho desde entonces:

En lugar de volver corriendo a la fiesta para señalar la cruz que se quemaba en el patio, ¿debería haber corrido y tratar de apagarla, neutralizando el impacto? Los que le habían prendido fuego a la cruz estaban intentando ofender a los asistentes a la fiesta de la Unión de Estudiantes Negros. Si nadie hubiera visto la cruz, su planificación y sus esfuerzos habrían sido en vano. Pero ¿era importante que la gente lo viera? ¿Si solo se lo hubiera contado a la gente y hubieran visto la evidencia en el césped, una cruz quemada y apoyada de costado? No sé si hubiera sido mejor.

Texto *La idea de que el racismo es una dinámica exclusiva de la juventud y la ignorancia parece una forma única de optimismo estadounidense.*

Notas y fuentes El perfil de Dylann Roof por Rachel Kaadzi Ghansah en la revista *GQ* describe la comunidad online a la que pertenece: "Son jóvenes, son blancos y a menudo se jactan de sus arsenales de armas, porque estas son las armas que los salvarán en la guerra racial que se aproxima. Están armados hasta los dientes y casi siempre están dolorosamente poco educados o poseen una educación mínima, pero son extremadamente torpes socialmente. Es decir, hasta que se dan cuenta de que dentro del mundo del supremacismo blanco pueden encontrar amigos".

¿Debería haber perseguido a los chicos para ver mejor quiénes eran?
Creo que estaba un poco paralizada por la conmoción, pero tal vez po-
dría haberlos mirado mejor para identificarlos y obligarlos a dejar la
comunidad y la universidad.

¿Cómo se encontraron estos chicos entre ellos? ¿Alguno de ellos usó la
palabra N en una reunión de blancos y miró para ver quién se reía y
quién se daba la vuelta? ¿Y luego dedicaron tiempo a planificar una
acción cuyo único objetivo era ofender profundamente a sus compañe-
ros de estudio? Y tal vez estuve sentada en una clase con uno de esos
chicos al día siguiente. Y, ahora mismo, están caminando, haciendo
cosas con sus hijos, yendo a trabajar. Cuando recuerdan, ¿sienten pesar
por lo que hicieron, ahora que son mayores y más sabios, o todavía dis-
frutan aquel acto racista? ¿Son promotores del movimiento nacionalista
blanco?

La semana siguiente hubo una marcha en el campus para protestar por
la quema de la cruz. De hecho, creo que la administración estaba muy
perturbada por el delito y lo manejó bien. Pero seguía siendo un hecho
que había estudiantes en el campus que dedicaron tiempo y esfuerzo a
planificar la quema de una cruz.

Mientras leo la respuesta de mi amiga, me pregunto si realmente
se pregunta si los perpetradores "sienten pesar cuando recuerdan". •
La idea de que el racismo es una dinámica exclusiva de la juventud
y la ignorancia parece una forma única de optimismo estadounidense. Se pregunta si "son promotores del movimiento nacionalista
blanco" en lugar de si son nacionalistas blancos.

Me sorprenden mis propias reacciones melancólicas a estos pensamientos finales de ella. Esta falta de voluntad para saber cuán
profundamente arraigado y sentido sigue estando el racismo es
extrañamente descorazonadora y lejanamente alarmante. Incluso
aquí. Incluso ella. No quiero que estos pensamientos se entrome-
tan en una amistad que valoro. Incluso aquí. Incluso ella. Entonces recuerdo a Homi Bhabha, autor de *El lugar de la cultura*, en

Mitín del Movimiento Nacional Socialista, Georgia, 2018.

una conversación con Toni Morrison: "Recordar nunca es un acto silencioso de introspección o retrospección. Es un recuerdo doloroso, una reconstrucción del pasado desmembrado para dar sentido al trauma del presente". Su falta de voluntad para considerar la idea de que los que quemaron la cruz son los nacionalistas blancos del presente es una forma de no ver "el trauma del presente" como un continuum entre el pasado y el futuro. Según los informes policiales de la quema de cruces, los exalumnos eran personas relevantes. ¿Qué están haciendo ahora? ¿Son actualmente parte de nuestro sistema judicial?

Mi amiga no está sola en su disposición a hacer la vista gorda. La investigación del FBI sobre el evento universitario concluyó que la quema de cruces probablemente había sido una broma, según un informe de la prensa de aquel momento. En cualquier caso, quien quemó la cruz o quien se inspiró en los que quemaron la cruz continuó hostigando a los estudiantes relacionados con la Unión de Estudiantes Negros durante semanas después del evento. Según los registros policiales, hubo informes de amenazas generadas por alguien que probablemente se encontraba dentro de la comunidad universitaria (dado que fueron atacados estudiantes negros específicos, y también sufrió ataques el presidente blanco, que era visto como el culpable de haber traído a esos estudiantes a la universidad). Un estudiante recibió una carta que decía "Malditos apestosos, asquerosos, monos de piel negra, ustedes no pertenecen a una sociedad humana blanca. Animales del color de la mierda, al final serán gradualmente exterminados. En un lenguaje sencillo: eliminados".

La pregunta sobre qué hacer con estas realidades cuando muchas personas negras que se gradúan de esta y otras universidades con eventos similares continúan logrando tener vidas exitosas, a veces también asociadas a vidas de opulencia, sigue siendo para algunos un oxímoron. Comprender lo que es posible por parte de los blancos liberales significa comprender que el logro personal de los negros no niega el continuo asalto del terrorismo blanco. Cuando

137

Texto *Aunque todos deberían haberse horrorizado ante la declaración de Clinton porque, intencionalmente o no, parecía alguna especie de deseo, ella no era antiestadounidense al señalar la posibilidad. Las personas negras asesinadas, encarceladas o abandonadas son una pérdida aceptable para muchos estadounidenses blancos.*

Notas y fuentes Robin DiAngelo, *White Fragility*: "Me crié en una sociedad que me enseñó que no había pérdida en la ausencia de personas de color, que su ausencia era algo bueno y deseable que se debía buscar y mantener al mismo tiempo que se negaba el hecho. Esta actitud ha dado forma a todos los aspectos de mi propia identidad; mis intereses e inversiones, lo que me importa o no me importa, lo que veo o no veo, lo que me atrae y lo que detesto, lo que puedo dar por sentado, a dónde puedo ir, cómo otros me responden, y lo que puedo ignorar".

James Baldwin, *The Price of the Ticket* [El precio de la entrada]: "Una turba no es autónoma: ejecuta la voluntad real de las personas que gobiernan el Estado (...) La idea de las personas negras como propiedad, por ejemplo, no proviene de la mafia. No es una idea espontánea. No viene del pueblo, que nunca hubiera pensado así... esta idea proviene de los arquitectos del Estado estadounidense. Estos arquitectos decidieron que el concepto de propiedad era más importante, más real, que las posibilidades del ser humano".

Hillary Clinton se negó a retirarse de las primarias demócratas de 2008 a pesar de que aparentemente no había un camino a seguir, porque, como dijo, "todos recordamos que Bobby Kennedy fue asesinado en junio [1968] en California", de hecho estaba señalando la realidad tácita de que los logros del presidente Obama no eran una protección contra el terrorismo blanco. Aunque todos deberían haberse horrorizado ante la declaración de Clinton porque, intencionalmente o no, parecía una especie de deseo reprimido, no era antiestadounidense en su señalamiento de la existencia de esa posibilidad. Las personas negras asesinadas, encarceladas o abandonadas son una pérdida aceptable para muchos estadounidenses blancos. Y aunque hay un número mayor de gente negra que muere en crímenes en su propio vecindario, aquellos asesinados o encarcelados por blancos a menudo parecen atacados simplemente por el color de su piel, ya que el resultado de esas interacciones suele ir desde una sentencia excesiva hasta la muerte. La indiferencia es impenetrable y confiable y se distribuye a lo largo de los siglos, y me siento estúpidamente herida cuando mis amigos no pueden ver eso. Quizás esa sea mi fragilidad no blanca.

estudio sobre el privilegio masculino blanco

Texto *La estadística que precede a la frase "privilegio masculino blanco", que se pronunció, señaló el porcentaje de personas transgénero proclives a ser víctimas de la violencia policial.*

Notas y fuentes Un estudio de 2011 realizado por el Centro Nacional para la Igualdad Transgénero y el Grupo de Trabajo Nacional para Gays y Lesbianas muestra lo siguiente: "Más de una quinta parte (22%) de las personas transgénero que interactuaron con la policía denunciaron acoso policial, y el 6% de las personas transgénero informaron que sufrieron agresiones motivadas por prejuicios por parte de los agentes. Las personas negras transgénero informaron tasas mucho más altas de acoso y agresión producto del prejuicio (38% y 15%)".

Estoy tratando de entender por qué cuando le digo a un hombre blanco que él se ha beneficiado del "privilegio masculino blanco" él lo siente como algo violento. Escucho nuevamente el video de un seminario de capacitación donde la policía está discutiendo sobre el trato a las personas transgénero. La discusión está dirigida por un representante del Departamento de Justicia de Estados Unidos. La estadística que precede a la frase "privilegio masculino ● blanco", que se pronunció, señaló el porcentaje de personas transgénero proclives a ser víctimas de la violencia policial.

Datos

Scott Arndt, capitán de policía de Plainfield, Indiana (respondiendo a las estadísticas de violencia contra las personas trans presentadas por el instructor): Eso ni siquiera es exacto, porque si no puedes tener un criterio sobre cómo llegar a ese número o cuál es la situación que los pone en esa situación, es decir, ¿es más probable que ellos estén en esa situación que alguien que no es transgénero?

Instructor: Sí.

Capitán Scott Arndt (interrumpiendo): Número que en realidad no conozco... solo digo que mi vida nunca ha sido parte de la violencia policial. La mayoría de las personas que conozco nunca han sido acusadas de violencia policial. Así que supongo que no entiendo de dónde viene esa estadística.

Carri Weber, capitana de policía de Plainfield (sentada en el público, fuera de cámara): Debido a tu privilegio de hombre blanco, no sabrías nunca de dónde viene.

Capitán Scott Arndt: ¿Perdón?

Plainfield, Indiana, Departamento de policía.

CAPITANA WEBER: Tu privilegio masculino blanco.

INSTRUCTOR: Por favor, calmémonos un poco.

FACILITADOR: Hagamos que esta sesión siga siendo segura y profesional. Ese es mi [aquí se interrumpe y luego continúa] papel y no quiero concentrarme en las estadísticas, porque sinceramente

CAPITÁN SCOTT ARNDT (interrumpiendo): Jefe, ¿dejará que [ininteligible] se salga con la suya? ¿En serio? Estoy haciendo una pregunta legítima aquí, ¿y estoy teniendo un privilegio blanco [ininteligible]? ¿Hablas en serio? [gritando] Me parece extremadamente ofensivo.

[Hay un intercambio adicional entre estos dos comentarios.]

FACILITADOR: No estamos hablando del privilegio blanco aquí. Estamos tratando de enfocarnos en un grupo demográfico diferente. Voy a mantener este intercambio en un nivel profesional, y pido disculpas si alguien se ofendió.

FIN DE LOS DATOS

RESULTADOS

En el video de Scott Arndt del incidente real, Arndt afirma que sintió que la frase "privilegio del hombre blanco" era "extremadamente ofensiva". En la denuncia que interpuso, afirma que fue "insultado por su raza y su género". La capitana de policía blanca Weber, que utilizó la frase, recibió una licencia administrativa paga. Una sesión ejecutiva a puertas cerradas finalmente le envió una carta de amonestación y la reintegró.

145

No tengo vergüenza / miedo de ser blanco.

Cuando el oficial de sexo masculino blanco escucha la frase "privilegio masculino blanco" que se usa para describirlo, demuestra la rabia del hombre blanco. Fue sancionado con dos días de suspensión sin goce de sueldo. Aunque se cuestiona la rabia, nadie la asocia explícitamente con el privilegio de los hombres blancos; de ahí la carta de amonestación en el expediente de Weber. Seguramente, Arndt debe entenderse a sí mismo como hombre y como blanco, así que tal vez sea el sustantivo "privilegio" lo que lo enfurece. Pero ser "insultado por su raza" significa que te refieres a su blanquitud de una manera ofensiva. Por lo tanto, la asociación de la blanquitud con el privilegio debe ofender.

¿Sabe Arndt que privilegio, una palabra que se usó por primera vez en el siglo XII, se refería a un "proyecto de ley a favor o en contra de un individuo"? Que las leyes lo favorezcan como hombre blanco debe seguir siendo algo conocido y al mismo tiempo desconocido. No soporta saberlo y reconocer que se acomoda a eso y hace visible todo lo que ha sido redirigido hacia él. No puede soportar la carga de lo que les fue quitado a otros para entregárselo a él. No puede conocerse a sí mismo como el espacio encarnado del privilegio incluso cuando se convierte en su evidencia. No se reconocerá a sí mismo como el favorecido aunque tenga que destruir a otros para que así sea. Incluso cuando una persona tras otra viven expectantes de él, esperándolo, mirándolo para saber lo que no puede (¿o será que no quiere?) saber.

alto

ALL LIVES MATTER

Todas las mentiras importan.

Mientras voy en busca de mi abrigo, me detengo un momento en el pasillo de la casa de otra persona y en ese momento un hombre se acerca para decirme que piensa que su mayor privilegio es su altura. Hay un debate sobre quién es el más alto, y en este momento está bloqueando pasivamente el paso, así que sí. Pero quién es mejor no importa. Como era de esperar, digo, creo que tu blanquitud es tu mayor privilegio. Al escucharme, pivota y me informa que, a diferencia de otros blancos que le han confesado que les tienen miedo a los negros, él se siente cómodo con los negros porque jugaba al básquet. No dice con hombres negros porque eso está implícito. No sé por qué razón, salvo, quizás, siguiendo la lógica ridícula de que si te gusta tanto algo, bien podrías casarte con eso, le pregunto, ¿estás casado con una mujer negra? ¿Qué?, dice, no, mi esposa es judía. Después de una pausa, agrega, ella es blanca. No le pregunto por sus amigos más cercanos, sus colegas, sus vecinos, los amigos de su esposa, sus instituciones, nuestras instituciones, el racismo estructural, el racismo armado, el racismo ignorante, el racismo internalizado, el prejuicio inconsciente... Simplemente decido, ya que nada más sucede, ya que no hay ninguna nueva interacción social, ni se producen nuevas declaraciones de su parte o de la mía, ya que ambos estamos dentro de fantasías predeterminadas, simplemente decido dejar de inclinar la cabeza para mirar hacia arriba. Nuevamente he alcanzado el límite de la espera. ¿Qué dijo la teórica Saidiya Hartman? "Educar a los blancos sobre el racismo ha fracasado". ¿O era que "los pasillos son zonas liminales en las que no deberíamos dejar de ver lo que es posible"? De cualquier manera, y aun así, durante todo el camino a casa, la imagen del hombre alto permanece en mi mente de forma ineludible. Y luego llega la cita de Hartman que estoy buscando: "Una de las cosas que creo que es verdad, que es una forma de pensar sobre la vida después de la muerte de la esclavitud con respecto a cómo habitamos el tiempo histórico, es la sensación de enredo temporal, donde el pasado, el presente y el futuro no son discretos y aislados el uno del otro, sino que vivimos la simultaneidad de ese entrelazamiento. Esto es casi de sentido común para los negros. ¿Cómo se narra eso?". Su pregunta es un aro que nos rodea.

contrato social

Texto *Creo que el racismo anti-negro y anti-latinx expresado en los términos "Obama-care" e "inmigración" y "el muro" fue el poderoso motor (...)*

Notas y fuentes Un estudio importante que respalda el argumento de que la raza fue un factor determinante en las elecciones es *Identity Crisis: The 2016 Presidential Campaign and the Battle for the Meaning of America* [Crisis de identidad: La campaña presidencial de 2016 y la batalla por el sentido de Estados Unidos] de John Sides, Michael Tesler y Lynn Vavreck: "Otro elemento y posiblemente incluso el elemento más importante del contexto son los actores políticos. Ayudan a articular el contenido de una identidad grupal o lo que significa ser parte de un grupo. Los actores políticos también identifican, y en ocasiones exageran o incluso inventan, amenazas a un grupo. Los actores políticos pueden entonces hacer que las identidades y actitudes del grupo sean más destacadas y elevarlas como criterios para la toma de decisiones".

Texto *(...) el mismo presidente que se refiere a sí mismo como nacionalista.*

Notas y fuentes "Trump Says He´s a 'Nationatist'" [Trump dice que es un 'nacionalista'], por Neeti Upadhye: https://www.nytimes.com/video/us/politics/100000006175744/trump-nationalist.html

USA Today, "'I'm a Nationalist': Trump's Embrace of Controversial Label Sparks Uproar" ['Soy un nacionalista': el abrazo de Trump de una etiqueta controvertida provoca alboroto]: "Saben, tienen una palabra, es algo anticuada, se llama nacionalista. Y digo, de verdad, se supone que no debemos usar esa palabra. ¿Saben lo que soy yo? Soy nacionalista, ¿OK? Soy nacionalista. Nacionalista. No tiene nada de malo. Usen esa palabra. Usen esa palabra".

Texto *(...) "muchos factores" son la marea retórica contra la que nado corriente arriba, como si George Wallace no hubiera atribuido su éxito político a la articulación de la retórica racista.*

Verificación Sí. Wallace atribuyó su ascenso político a la retórica y la política racistas, pero no específicamente sus cuatro mandatos como gobernador. Véase abajo.

Notas y fuentes Véase la biografía de Dan T. Carter sobre George Wallace, *The Politics of Rage* [La política de la ira]: "Wallace se encogió de hombros. 'Empecé hablando de escuelas, carreteras, prisiones e impuestos, y no pude hacer que me escucharan', le dijo a Louis Eckl, editor del *Florence Times*. Después empecé a hablar sobre los negros y empezaron a zapatear".

Estoy en una cena donde sale el tema de los cómo y los porqués de la elección presidencial de 2016, y resulta que un invitado está escribiendo un libro sobre el tema. En la descripción del libro apenas se menciona el papel del racismo. Esperen. Personalmente creo que el racismo anti-negro y anti-latinx expresado en los términos "Obamacare" e "inmigración" y "el muro" fue el poderoso motor que llevó a nuestro actual presidente al poder, el mismo presidente que se refiere a sí mismo como un nacionalista. Los "muchos factores" genéricos y desracializados son la marea retórica contra la que nado corriente arriba, como si George Wallace no hubiera atribuido su éxito político a la articulación de la retórica racista. A pesar de sus declarados sentimientos neutrales sobre las personas negras, Wallace se basó en "segregación ahora, segregación mañana, segregación para siempre" y prometió proteger la región anglosajona del sur. ¿Qué ha cambiado exactamente?

No había forma de predecir que los demócratas blancos que habían votado por el presidente Obama votarían en estados clave por un régimen fascista, es la respuesta persistente. Nuestro experto residente agregó que no tenía una bola de cristal, como si las personas negras muertas desarmadas no estuvieran tiradas en nuestras calles estadounidenses o las personas blancas no estuvieran llamando a la policía para denunciar a la gente negra sin motivo, con pleno conocimiento de todas las formas en que esa denuncia podría salir mal y terminar en la pérdida de una vida. Y como si nuestro cuadragésimo quinto presidente antes de su candidatura oficial no hubiera expresado la mentira de que los votantes habían sido engañados por un presidente que no nació en Estados Unidos.

Mi obstinada insistencia significaba que estaba navegando cada vez más cerca del tropo de la mujer negra enojada. No estaba del todo en lo cierto (también estaban los rusos, el colegio electoral y la misoginia), pero necesitaba que estas personas entendieran que preferiría estar equivocada, que con mucho gusto me uniría a ellos en la percepción de un mundo impredecible si pudiera. Quizás.

Texto *Es más difícil de lo que imaginan porque la gente blanca realmente no quiere un cambio si eso significa que necesitan pensar de manera diferente de lo que piensan acerca de quiénes son.*

Verificación Sí, pero solo para tener en cuenta: puede haber contraejemplos.

Notas y fuentes El trabajo de Ashley Jardina puede ser de interés: "Cuando la condición dominante de los blancos en relación con las minorías raciales y étnicas es segura e indiscutible, la identidad blanca probablemente permanece inactiva. Sin embargo, cuando los blancos perciben que la condición dominante de su grupo está amenazada, o que su grupo está injustamente en desventaja, su identidad racial puede volverse relevante y políticamente sobresaliente".

Self-Presentation in Interracial Settings: The Competence Downshift by White Liberals [Autopresentación en entornos interraciales: el cambio de competencia de los liberales blancos], por Cydney Dupree y Susan T. Fiske: "Los liberales blancos les presentan menos competencia a las minorías que a otros blancos, es decir, son condescendientes con las minorías estereotipadas como de menor estatus y menos competentes (...) Este descenso de competencias posiblemente involuntario, pero en última instancia condescendiente, sugiere que es posible que los blancos liberales bien intencionados recurran a estereotipos relacionados con el bajo estatus y la falta de competencia para relacionarse con las minorías".

Aprendí temprano que tener razón no es nada si se lo compara con poder permanecer en la habitación. Suceden todo tipo de cosas a medida que avanza la noche. Pero a veces me atrapa la idea de que la repetición ocurre si las ruedas siguen girando. La repetición es insistencia y solo se puede chocar hasta un cierto punto. A veces solo quiero meterme dentro de los engranajes. A veces, como dijo James Baldwin, quiero cambiar una palabra o una sola oración. Es más difícil de lo que imaginan porque la gente blanca realmente no quiere un cambio si eso significa que necesitan pensar de manera diferente de lo que piensan acerca de quiénes son. Tenemos un precedente en Eartha Kitt, quien después de confrontar a Lady Bird y Lyndon Johnson sobre Vietnam en un almuerzo en la Casa Blanca fue incluida en una lista negra. Demócratas todos. La blanquitud quiere el tipo de progreso que refleja lo mismo que valora, un reflejo de sí misma. La supresión de votantes tiene que ver con el racismo. Los problemas de inmigración y del programa DACA (Acción diferida para los llegados en la infancia) tienen que ver con el racismo. Estoy diciendo esto y estoy diciendo aquello, y, como si de repente me hubiera vuelto algo que es demasiado, una mano blanca metafórica se extiende para tirarme de regreso al redil desde el borde peligroso de la femineidad negra enojada.

Una mujer blanca termina efectivamente la conversación sobre las tácticas de la campaña de la elección número cuarenta y cinco al dirigir nuestra mirada hacia la bandeja de los postres. Qué hermoso, dice ella. ¿Brownies caseros en una bandeja de plata? El suyo es el gesto de hada que he visto tan a menudo hecho por mujeres blancas en las películas antiguas, mujeres que se ven deslumbradas por objetos brillantes. Es una forma tan descarada de cambiar el rumbo de la conversación que no puedo evitar hacer en voz alta la pregunta más obvia: ¿Estoy siendo silenciada?

Soy consciente de que mi pregunta rompe las reglas del compromiso social. Sé que nunca me invitarán nuevamente a esta casa, a este círculo de gente blanca. Entiendo que causar inadvertidamente que alguien sienta vergüenza no está bien. Pero: ¿estoy siendo silenciada?

157

Texto *Mientras estoy allí sentada escuchando a estos blancos cultos discutir este asunto, me doy cuenta de que la historia de la experimentación con los negros no tiene un lugar en su memoria referencial.*

Notas y fuentes Harriet A. Washington, *Medical Apartheid: The Dark History of Medical Experimentation on Black Americans from Colonial Times to the Present* [El Apartheid médico: la oscura historia de la experimentación médica con americanos negros desde los tiempos coloniales hasta el presente]: "La Oficina de Protección contra Riesgos de Investigación (OPRR) ha estado inspeccionando afanosamente abusos en más de sesenta centros de investigación, incluidas las muertes relacionadas con la experimentación en las principales universidades, desde Columbia hasta la Universidad de California. Otro subconjunto importante del abuso de sujetos humanos ha sido el fraude científico, en el que también se ha descubierto que científicos de la Universidad de Carolina así como del MIT han mentido aportando datos falsificados o agendas de investigación ficticias, a menudo para encubrir investigaciones que abusaron de estadounidenses negros. En los últimos años, la OPRR también ha suspendido la investigación en universidades tan veneradas como Alabama, Pensilvania, Duke, Yale, e incluso Johns Hopkins".

Linda Villarosa, "Myths about Physical Racial Differences Were Used to Justify Slavery—and Are Still Believed by Doctors Today" [Los mitos sobre las diferencias físicas y raciales se utilizaron para justificar la esclavitud, y los médicos todavía los creen hoy], en "1619 Project", *New York Times Magazine*: "A lo largo de los siglos, los dos mitos fisiológicos más persistentes: que los negros eran insensibles al dolor y que tenían pulmones débiles que podían fortalecerse mediante el trabajo duro, se abrieron camino hasta el consenso científico y siguen arraigados en la educación y la práctica médicas de hoy en día. En el manual de 1787 *A Treatise on Tropical Diseases; and on the Climate of the West-Indies* [Tratado sobre enfermedades tropicales; y sobre el clima de las Indias Occidentales], un médico británico, Benjamin Moseley, afirmó que los negros podían soportar operaciones quirúrgicas mucho más que los blancos, y señaló que 'lo que le causaría un dolor insoportable a un hombre blanco, será casi imperceptible para un negro'. Para enfatizar su punto, agregó: 'He amputado las piernas de muchos negros que han sujetado la parte superior de la extremidad ellos mismos'".

Quería que esta mujer blanca me mirara a los ojos y dijera: Sí, sí estás siendo silenciada. Quería que ella se adueñara de su acción y no se acobardara. Si lo hubiera hecho, me habría caído bien. En cambio, todos los que estamos alrededor de la mesa tenemos que observarla hundirse en su asiento mientras mira sus manos como si yo le hubiera negado el saludo. Ahora los demás tienen que tomar partido. Es necesario restablecer la solidaridad blanca. Entonces entiendo que perdí el juego en el momento en que entré a una casa donde soy la única persona negra.

La mujer y yo podríamos haber comenzado a conversar, en lugar de que una de nosotras usara el lenguaje para borrar el siguiente momento. ¿Ella no ve que, incluso como mujer blanca, permanece sujeta al poder arbitrario de nuestro poder ejecutivo? ¿No deberíamos tener claro cómo llegamos aquí? ¿O se establecen alianzas? ¿Ve mi insistencia como una forma de borrado, o es la civilidad blanca simplemente puesta a trabajar para mantener la ficción de la benevolencia blanca y la grosería de los negros?

Mientras me pregunto si es hora de irme, para restablecer mi propio equilibrio y el de la cena, alguien más redirecciona la conversación, consciente o inconscientemente, de los brownies a una forma más amable de hablar de la raza. Raza e hijos. La pregunta que nos ocupa es si un centro de salud para niños debería eliminar la palabra "estudios" de su nombre. El centro está ubicado en una ciudad con una población negra considerable. El sentimiento dominante en la mesa parece ser que la preocupación por el nombre es frívola: después de todo, el centro está vinculado a una institución académica donde todo se hace en nombre del estudio y la investigación.

Mientras estoy allí sentada escuchando a estos blancos cultos discutir este asunto, me doy cuenta de que la historia de la experimentación con los negros no tiene un lugar en su memoria referencial. Nadie hace mención de los experimentos sobre la sífilis de Tuskegee en hombres negros, o los experimentos militares con

159

Texto *(...) experimentos de gas mostaza en soldados negros, entre otros no blancos (...)*

Verificación Sí. Los militares realizaron experimentos con gas mostaza en soldados negros, blancos y otros soldados no blancos. Véase a continuación.

Notas y fuentes "Secret World War II Chemical Experiments Tested Troops by Race" [Experimentos químicos secretos de la Segunda Guerra Mundial probados con tropas según la raza], de Caitlin Dickerson en la edición matutina de la emisora National Public Radio: "Se utilizaron a hombres blancos alistados como grupos de control científico. Sus reacciones se usaron para establecer lo que era 'normal' y luego se comparó con las tropas minoritarias".

Texto *En* Sexism—a Problem with a Name *[Sexismo: un problema con nombre], escribe Sara Ahmed...*

Notas y fuentes Sara Ahmed también aborda el tema de las impresiones en *Introduction to The Cultural Politics of Emotion* [La política cultural de la emoción]: "Formar una impresión puede implicar actos de percepción y cognición, así como una emoción. Pero la formación de una impresión también depende de cómo nos impresionan los objetos. Una impresión puede ser un efecto sobre los sentimientos del sujeto ('ella causó una impresión'). Puede ser una creencia ('tener la impresión'). Puede ser una imitación o una imagen ('para crear una impresión'). O puede ser una marca en la superficie ('dejar una impresión'). Necesitamos recordar la 'prensa' en la impresión. Nos permite asociar la experiencia de tener una emoción con el afecto mismo de una superficie sobre otra, un afecto que deja su marca o huella. Así que no solo tengo una impresión de los demás, sino que también me dejan una impresión; me impresionan y me causan una impresión".

gas mostaza en soldados negros, entre otros no blancos, o la experimentación de J. Marion Sims en mujeres negras. No se menciona a Henrietta Lacks. Mi memoria histórica empieza a arrojarme ejemplos como si el motivo de esta cena fuera recordar. En la cena real, nadie se pregunta qué piensan los padres de los niños negros cuando ven la palabra "estudio" asociada con el centro.

Sabiendo que mi silencio está activo en la sala, me quedo callada porque quiero resaltar ese silencio. Entre la gente blanca, a la gente negra se le permite hablar de su precaria vida, pero no se le permite implicar a los presentes en esa precariedad. No se le permite señalar sus causas. En *Sexism—a Problem with a Name* [Sexismo: un problema con nombre], escribe Sara Ahmed que "si nombras el problema, te conviertes en el problema". Crear malestar señalando hechos se considera socialmente inaceptable. Demos un paso más allá, es estructural, no personal, quiero gritarle a todo el mundo, incluyéndome a mí misma.

Pero todas las estructuras y toda la planificación de la diversidad implementada para alterar esas estructuras, y todos los deseos de los blancos de asimilar a los negros en su vida cotidiana, vienen con una indignación continua ante la rabia. Toda la indignación que percibo hacia mí, la invitada que trae su ser completo a cenar, todo —su cuerpo, su historia, sus miedos, sus temores furiosos, sus expectativas— es, al final, muy personal. Los miedos y los enojos mutuos soplan invisibles en la habitación. Un viento. Tempestuoso, turbulento, borrascoso, nublado: encuentra un nivel de incomodidad. Empujo mi brownie alrededor de mi plato. Soy de mediana edad y tengo sobrepeso. No debería comer esto. No debería comer nada. Nada.

Momentos como estos me hacen comprender que la incomprensión por parte de la blanquitud de lo que es conocido es una inversión activa en no querer saber, si saber implica tomar en cuenta las vidas de la gente de color. Y la insistencia por parte de la negritud que termina siendo percibida como cansadora en presentar el

conocimiento propio podría ser un ejercicio infructuoso e infantil. ¿Creo lo suficiente en alguna de estas posiciones como para cambiar mis costumbres? Bien podría también detener la llegada del clima.

Si la mujer que admiraba la bandeja de los postres, en un intento de redirigir la conversación, me hubiera dicho: aquí está tu abrigo, ¿estás apurada?, eso sí me hubiera hecho sonreír, las comisuras de la boca se me habrían levantado y habrían empujado mis mejillas para formar patas de gallo alrededor de mis ojos. Hubiera sonreído con los ojos llenos de admiración por su franqueza (vete de aquí) en lugar de ofrecer un cambio de tema y una falsa cortesía.

violento

Texto *Preguntándome qué pasa en la imaginación del niño asiático que también asiste a este preescolar diverso, decido que una posibilidad podría ser que le hayan leído "Ricitos de Oro y los tres osos" tantas veces que su memoria visual haya sido agredida.*

Notas y fuentes Respuesta a una solicitud de permiso para utilizar una ilustración de una imagen tradicional de "Ricitos de Oro y los tres osos":

Hola xxxx,

Gracias por enviar el texto que deseaba que acompañara la ilustración de xxxxx de "Ricitos de Oro y los tres osos". Agradecemos el haber podido leer el artículo y lo encontramos muy interesante. Sin embargo, hemos decidido que preferiríamos que nuestra ilustración no acompañe ese artículo.

Le deseamos la mejor de las suertes para encontrar un ilustrador que quiera utilizar su imagen de esa forma, tal vez sea más fácil encontrar una imagen disponible en el dominio público.

Los mejores deseos,

xxxx y xxxxxxx

Una amiga blanca, que sabe que estoy escribiendo sobre las percepciones de la blanquitud, llama para contarme una interacción que acaba de tener con su hijo. La he interrogado en ocasiones anteriores sobre cómo se habla de la blanquitud en su familia, en su casa, en su mundo. Ella es blanca, su esposo es blanco y su hijo es blanco. Este día, su pequeño hijo regresó a casa de la escuela molesto. Un niño asiático le dijo que "arruinó" su dibujo de "Ricitos de Oro y los tres osos" al colorear la piel de Ricitos de oro de marrón. Su hijo sabe que en su mundo también hay personas de piel marrón. Mi amiga le asegura a su hijo que no tiene nada de qué preocuparse.

Una cosa en la que pensé desde que hablamos es en su preescolar. Nos mudamos aquí cuando tenía tres años y queríamos que tuviera un espacio escolar diverso. En ese momento, el maestro que tuvo durante casi dos años era indio y su clase era diversa. Además, el director del preescolar era negro. No sé si esto tuvo alguna influencia en el hecho de que coloreara a Ricitos de Oro de marrón, pero sí creo que tuvo relación con la forma en que reaccionó al comentario de su compañero. Mi hijo se sintió herido y confundido. Creo que coloreó a Ricitos de Oro de marrón porque lo ve como una opción artística, una forma de representar el mundo. Este año para Navidad, cuando se le dio la opción de pintar su Santa de cerámica, optó por pintarlo de negro. No le pregunté por qué.

Preguntándome qué pasa en la imaginación del niño asiático que • también asiste a ese preescolar diverso, decido que una posibilidad podría ser que le hayan leído "Ricitos de Oro y los tres osos" tantas veces que su memoria visual haya sido agredida. El crayón marrón representaba a Ricitos de Oro de manera diferente a su retrato normal, a pesar de la atención del hijo de mi amiga por su cabello rubio. Pero ¿podemos decir que está arruinada? Sin duda, mi amiga siente curiosidad por saber si el chico asiático manifestó su objeción basándose en lo que sabe sobre el cuento o en su conocimiento sobre el mundo que compartimos. ¿Arruinada? ¿Alguien le explicó alguna vez a este niño el concepto de *casting* sin consideración de raza?, le pregunto en broma a mi amiga. Pero

Texto *De repente me inundó un recuerdo de todas las pruebas de muñecas realizadas a lo largo de los años basadas en las pruebas de muñecas de los psicólogos Dr. Kenneth y Mamie Clark, cuyos resultados se utilizaron en el caso de* Brown contra el Consejo de Educación de Topeka *para mostrar el efecto adverso del racismo en los niños negros, pero ¿qué pasa con los efectos adversos en los niños blancos?*

Verificación Sí.

Notas y fuentes KB Clark, "Effect of Prejudice and Discrimination on Personality Development" [El efecto del prejuicio y la discriminación en el desarrollo de la personalidad] (documento presentado en la Conferencia de Mitad de Siglo de la Casa Blanca sobre Niños y Jóvenes, en 1950), como se cita en el litigio de *Brown contra el Consejo de Educación*, nota al pie 11. Clark analiza el documento específico citado en esa nota al pie de su libro *Prejudice and the Child* [El prejuicio y el niño]. Todo ese capítulo introductorio brinda una excelente descripción detallada de las presentaciones exactas que los abogados del demandante hicieron al tribunal. El historiador de la ciencia John P. Jackson realiza una revisión exhaustiva de la investigación de los Clark y el testimonio de Kenneth en los casos anteriores al de Brown en su libro *Social Scientists for Social Justice: Making the Case against Segregation* [Sociólogos por la justicia social se pronuncian contra la segregación]. Véase el artículo del profesor de derecho de Harvard Lani Guinier, "From Racial Liberalism to Racial Literacy: Brown v. Board of Education and the Interest-Divergence Dilemma" [Del liberalismo racial a la alfabetización racial: Brown contra la Consejo de Educación y el dilema entre el interés y la divergencia] para un examen de la "discontinuidad entre la promesa inicial del caso Brown y su realidad actual"; Guinier incluye una revisión del papel que jugó la investigación de los Clark en el caso: "Es una pregunta abierta si cualquier análisis legal, incluso uno basado en una investigación más rigurosa de las ciencias sociales o empleando una evaluación más equilibrada de las causas y efectos de la segregación, podría haber logrado los objetivos de los abogados de Brown o ahora podría realizar las tareas masivas que aún nos esperan: extirpar un complejo sistema de relaciones que ha torturado a este país desde sus inicios y luego remodelar un nuevo orden social y económico que lo reemplace".

Jane Elliott, "Blue Eyes, Brown Eyes" [Ojos azules, ojos marrones]: "Lo que llamamos educación es en realidad adoctrinamiento en la supremacía blanca. Quiero que todas las personas blancas que estarían felices de recibir el mismo trato que las personas negras se pongan de pie... ¿Nadie de pie? Esto significa que saben lo que está pasando".

dado que preguntarnos, como nos diría Emily Dickinson, "no es precisamente saber y tampoco no saber", no sacamos conclusiones precipitadas sobre el niño porque el contexto es todo.

Le menciono a mi amiga que las ideas de los niños sobre la raza se forman cuando llegan al jardín de infantes y su prejuicio racial no es aleatorio. La psicóloga social Kristina Olson afirma que "a los 3 o 4 años de edad, los niños blancos en Estados Unidos, Canadá, Australia y Europa muestran preferencias por otros niños blancos". Esto, dice ella, sucede porque no importa lo que les digamos a los niños, ellos modelan su comportamiento de acuerdo con su entorno. Erin Winkler está de acuerdo: "A medida que los niños se vuelven más conscientes de las normas sociales que favorecen a ciertos grupos sobre otros, a menudo mostrarán un sesgo hacia el grupo socialmente privilegiado". De repente me invade un recuerdo de todas las pruebas de muñecas realizadas a lo largo de los años basadas en las pruebas de muñecas de los psicólogos Dr. Kenneth y Mamie Clark, cuyos resultados se utilizaron en el caso de *Brown contra el Consejo de Educación de Topeka* para mostrar el efecto adverso del racismo en los niños negros, pero ¿qué pasa con los efectos adversos en los niños blancos? ¿O en los niños asiáticos? ¿Deberíamos preocuparnos por eso?

Texto *El argumento de Winkler también está respaldado por el trabajo de las psicólogas Phyllis Katz y Jennifer Kofkin en su artículo de 1997, "Race, Gender,and Young Children" [Raza, género y niños pequeños". Siguieron a niños blancos y negros (...)*

Notas y fuentes PA Katz y JA Kofkin, "Race, Gender, and Young Children" [Raza, género y niños pequeños]: "Algunos investigadores han descubierto que los niños pequeños prefieren a los compañeros de la misma raza (Finkelstein y Haskins, 1983; Newman, Liss y Sherman, 1983), aunque la mayoría informa una preferencia por los miembros del grupo étnico mayoritario y un sesgo en contra de los colores de piel oscuros (p. ej., Jaffe, 1988; Porter, 1991; Spencer y Markstrom-Adams, 1990) ". En S. S. Luthar et al., *Developmental Psychopathology: Perspectives on Adjustment, Risk, and Disorder* [Psicopatología del desarrollo: perspectivas sobre el ajuste, el riesgo y el trastorno].

Texto *Es difícil tener esperanzas cuando incluso los "patrones de mirada" de los maestros de preescolar tienden a apuntar a los niños negros, especialmente a los varones, ante la señal de cualquier perturbación en el aula.*

Notas y fuentes Un estudio de 2016 del Yale Child Center, "Do Early Educators' Implicit Biases Regarding Sex and Race Relate to Behavior Expectations and Recommendations of Preschool Expulsions and Suspensions?" [¿Los prejuicios implícitos de los educadores tempranos con respecto al sexo y la raza se relacionan con las expectativas y recomendaciones de comportamiento de las expulsiones y suspensiones preescolares?]: "Nuestros hallazgos demuestran que el personal de la primera etapa educativa tiende a observar a los Negros, y especialmente a los varones Negros cuando se esperan comportamientos desafiantes. Es importante tener en cuenta estos hallazgos dado que en los videos no se presentaron desafíos de comportamiento, lo que sugiere, en parte, que los maestros de preescolar pueden tener expectativas diferenciales de comportamientos desafiantes según la raza del niño (...) Es de destacar que estos resultados de seguimiento ocular se correspondían estrechamente con la evaluación consciente de los participantes sobre qué niño sentían que requería la mayor atención, y el 42% del personal de los equipos de educación temprana reconocieron que los niños Negros requerían la mayor atención (68% más de lo esperado por el azar). Además, el 76% del personal de educación temprana consideró que los varones en general requieren la mayor atención (52% más de lo esperado por azar), de acuerdo con investigaciones que muestran que los niños (independientemente de la raza) tienen mayor probabilidad de ser retirados del aula".

El argumento de Winkler también está respaldado por el trabajo •
de los psicólogos Phyllis Katz y Jennifer Kofkin en su artículo de
1997 "Race, Gender, and Young Children". Los investigadores
siguieron a niños blancos y negros y, según Winkler, "encontraron que todos los niños expresaban un sesgo dentro del grupo a
la edad de 30 meses. Cuando se les pidió que eligieran un compañero de juegos potencial de entre las fotos de niños y niñas
blancos y negros desconocidos, todos los niños eligieron un compañero de juegos de la misma raza. Sin embargo, a los 36 meses,
la mayoría de los niños blancos y negros eligieron compañeros de
juego blancos (…) y este patrón se mantuvo en la marca de los
60 meses, aunque disminuyó levemente en ese momento". Me
pregunto si los padres que estuvieron de acuerdo con la participación de sus hijos en el estudio se sorprendieron con los resultados. El sesgo social, según los psicólogos Danielle Perszyk, Ryan
F. Lei, Galen V. Bodenhausen, Jennifer A. Richeson y Sandra R.
Waxman, se vuelve más difícil de cambiar una vez que los niños
crecen.

¿Cómo se combate el racismo de una cultura? Es difícil tener espe- •
ranzas cuando incluso los "patrones de mirada" de los maestros de
preescolar tienden a apuntar a los niños negros, especialmente a los
varones, ante la señal de cualquier perturbación en el aula. Una se
pregunta cómo hubiera sido posible que esto no se convirtiera en
una señal social para todos los niños.

Otra amiga que es negra me dice que el director de la escuela privada de su hijo la llamó para decirle que el niño fue expulsado de
la clase por su comportamiento. En el intercambio que siguió, el
director de la escuela describe al niño de cuatro años como violento.
¿Violento? Lanzó una pieza de rompecabezas y tiró del cabello de
la maestra cuando ella lo sacó de la sala. El niño tuvo un colapso.
Violento, sigue repitiendo mi amiga. Tiene cuatro años. ¿Les dijiste
a sus maestros que hay palabras, además de incompetente, que pueden enmarcar su uso de la palabra "violento"? Pregunto.

Texto *Cuando sacó a su hijo de la escuela, su maestra blanca lloró porque no quería que hubiera consecuencias para el personal de la institución que interpretaba a los niños negros como violentos.*

Notas y fuentes Phillip Atiba Goff, Matthew Christian Jackson, Brooke Allison Lewis Di Leone, Carmen Marie Culotta y Natalie Ann DiTomasso, "The Essence of Innocence: Consequences of Dehumanizing Black Children" [La esencia de la inocencia: consecuencias de deshumanizar a los niños negros], *Journal of Personality and Social Psychology*: "Porque la deshumanización implica la negación de la humanidad plena a los demás (Haslam, 2006), uno esperaría una reducción de las consideraciones sociales ofrecidas a los humanos para aquellos que están deshumanizados. Esta reducción viola una característica definitoria de los niños: ser inocentes y, por lo tanto, necesitar protección, lo que hace que la categoría 'niños' sea menos esencial y distinta de la de los adultos".

Texto *¿Estaba siendo yo poco generosa al rechazar los sentimientos de la maestra? Lloraba porque emocionalmente estaba triste por lo que estaba pasando.*

Notas y fuentes Robin DiAngelo, *White Fragility* [Fragilidad blanca]: "En consecuencia, si los blancos queremos interrumpir este sistema, tenemos que sentirnos *incómodos* racialmente y estar dispuestos a examinar los efectos de nuestro compromiso racial. Esto incluye no caer en las reacciones que tengamos (ira, actitud defensiva, autocompasión, etc.) en un encuentro interracial dado sin antes reflexionar sobre lo que generan nuestras reacciones y cómo afectarán a otras personas. Las lágrimas generadas por la culpa blanca son autoindulgentes. Cuando estamos sumidos en la culpa, somos narcisistas e ineficaces; la culpa funciona como una excusa para la inacción. Además, debido a que rara vez tenemos relaciones interraciales auténticas y sostenidas, nuestras lágrimas no se sienten como solidaridad con la gente de color que no hemos apoyado anteriormente. En cambio, nuestras lágrimas funcionan como reflejos impotentes que no conducen a una acción constructiva. Necesitamos reflexionar sobre cuándo lloramos y cuándo no, y por qué".

La teórica feminista, queer y poscolonial Sara Ahmed escribe en "The Phenomenology of Whiteness", [La fenomenología de la blanquitud]: "Nombrar un problema puede cambiar no solo *cómo* registramos un evento, sino si registramos un evento *en absoluto*. Nombrar el problema puede experimentarse como una *ampliación del problema*; permitir que algo adquiera una densidad social y física reuniendo lo que, de otro modo, seguirían siendo experiencias dispersas en *algo tangible*". Mi amiga se ríe, pero dice que solo quiere que su hijo esté en un lugar seguro donde se le permita tener rabietas apropiadas para su desarrollo y que, al mismo tiempo, se le ayude a lidiar con sus emociones de una manera empática. Si no mencionas lo que está sucediendo, todos pueden fingir que no está sucediendo, digo, algo molesta. Lo sé, dice ella, pero esas mujeres blancas no son de mi incumbencia. Cuando sacó a su hijo de la escuela, su maestra blanca lloró porque no quería que hubiera consecuencias para el personal de la institución que interpretaba a los niños negros como violentos. Violentos. Ayuda. Ayuda.

Después de colgar con esta amiga, me pregunto por mi propia irritación. No se trata simplemente del uso que hace el director blanco de la palabra violento. También se trata de lo que percibo como la pasividad de mi amiga. Tal vez le bajó el tono a la escena porque vio las lágrimas de la mujer blanca como una concesión de algún tipo. ¿Estaba siendo yo poco generosa al rechazar los sentimientos de la profesora? Lloraba porque emocionalmente estaba triste por lo que estaba pasando. Incluso si las lágrimas están motivadas por un sentido de persecución más que por la culpa, siguen siendo lágrimas, señala mi terapeuta. ¿No hay lugar para que ella sea más de una cosa? Esta pregunta me desconcierta. Pero ¿por qué necesito yo hacer algo que ella no podría hacer por un niño de cuatro años? ¿Se supone que debo darle el beneficio de la duda a una adulta que no puede dárselo a un niño? Ella no está perdiendo nada, incluso teniendo en cuenta mi incapacidad para tomar en cuenta sus lágrimas, y aun así debo tomar en cuenta sus lágrimas. Las lágrimas significan un fracaso tal vez una sensación de fracaso, o es una sensación de victimismo, o un sentido de culpa, tal vez; pero no estoy

Tomas de video del año 2010 de CNN

segura de que la maestra sepa que fue ella quien le falló al hijo de mi amiga (y no que mi amiga le falló a ella) a menos que mencionemos el fracaso. No puedo estar segura, pero la forma en que leo las lágrimas es menos importante que reconocer que comunican algún tipo de comprensión o falta de comprensión emocional, me dice mi terapeuta. Le pregunto a mi amiga en qué estaba pensando cuando se enfrentó a las lágrimas de la maestra blanca.

La fragilidad y el victimismo de la mujer blanca son las dos primeras cosas que me vienen a la mente. Pero no tuve el tiempo ni la energía para concentrarme en eso. En ese momento, estaba luchando por el control del bienestar educativo de mi hijo y la narrativa que ya se estaba armando a sus cuatro años. Desde una perspectiva intelectual y de investigación, yo sabía que esto sucedía, pero cuando realmente lo estás experimentando, estás en modo de supervivencia. Sabía que necesitaba encontrar maestros que entendieran el desarrollo social y emocional de los niños pequeños y que también tuvieran una conciencia más profunda de cómo reina y se manifiesta el supremacismo blanco en el preescolar, donde las tasas de suspensión y expulsión son mayores que las de los jóvenes en la escuela primaria y secundaria.

Afortunadamente, encontré un nuevo preescolar y maestros que lo consiguieron. Comprenden el peligro inherente de etiquetar a los niños negros y también entienden que no tenía que tratar como a un adulto a mi hijo de cuatro años (…) que es un niño pequeño, un ser humano en evolución y no completamente socializado al igual que sus compañeros blancos en el nuevo salón de clases. No es que todavía no tenga rabietas y no necesite orientación. "¡Todos tienen algo en lo que trabajar!", exclamaron los nuevos maestros cuando les compartí mis intensas preocupaciones acerca de las rabietas (basadas en las experiencias previas en la vieja escuela).

Mientras me hablaban abierta y explícitamente sobre los prejuicios raciales en las escuelas, especialmente contra los chicos negros, y hablaban de sus experiencias personales, sabía que había encontrado potencialmente algunos guardianes de sueños: maestros con una profunda

Tomas de video del año 2010 de CNN

conciencia de cómo funciona nuestra sociedad racista, clasista y sexista y cuyo deseo expreso es mantener vivas las esperanzas y los sueños de todos los niños a través de la enseñanza, el intercambio, el cuidado, la atención y el amor concretos.

Así que no, no pienso en esa maestra blanca que mostraba sus lágrimas, o en el director de la escuela cuya ira alimenté porque señalé la violencia inherente en su descripción de mi hijo de cuatro años como violento. Me importa un carajo. Lo que esta experiencia me ha enseñado es que tendré que estar alerta durante el resto de sus años escolares, y lamento el hecho de que los padres con menos recursos no tengan el privilegio de tomar decisiones como lo tengo yo.

Mieeeeerda, no puedes ganar por perder. De repente me convierto en Bunk Moreland, el personaje de *The Wire* de David Simon mientras le cuento la historia de mi amiga sobre su hijo a una mujer que hace que deje de decir la frase de Bunk. ¿O está haciendo que vuelva a decirlo cuando me recuerda a las niñas negras de doce años que supuestamente fueron "evaluadas" por la enfermera de la escuela de una manera descrita como similar a los cacheos sin ropa? Se decía que las niñas estaban "hiperactivas y vertiginosas" cuando mostraban demasiada risa, demasiada alegría, demasiada ligereza en su escuela secundaria de Binghamton, Nueva York, por lo que se les pidió que se desnudaran porque la alegría es demasiado y las rabietas son violentas y la piel es demasiado oscura y la negritud es inaguantable.

O, como Fred Moten ha escrito en su descripción de la negritud para el libro *Keywords for African American Studies* [Palabras clave para los estudios afroamericanos] de Erica R. Edwards, Roderick A. Ferguson y Jeffery O. G. Ogbar: "El análisis de nuestro asesino, y de nuestro asesinato, es para que podamos ver que no fuimos asesinados. Sobrevivimos. Y luego, cuando de repente vislumbramos una imagen de nosotros mismos, nos estremecemos. Porque estamos destrozados. Nada sobrevive. La nada que compartimos es lo único que es real. Eso es lo que venimos a mostrar. Esa demostración es,

Tomas de video del año 2010 de CNN

o debería ser, nuestro estudio constante". Estudio, sí, pero la vida de esa nada también sigue siendo una negociación constante. ¿Es el acoso de niños negros por parte de personas adultas una incapacidad para contener su irritación por nuestra supervivencia? ¿Qué dijo Adrian Piper? "Todo será quitado". Y aún seguimos exigiendo un poco de R&R: Reparaciones y Reconstrucción.

el sonido y la furia

Texto *Los retratos blancos en las paredes blancas indican la propiedad de todos, incluso como paredes blancas en blanco.*

Notas y fuentes Abigail Cain, "How the White Cube Came to Dominate the Art World" [Cómo el cubo blanco llegó a dominar el mundo del arte]: "Pero no fue hasta que el Tercer Reich se apoderó del país durante la década de 1930 que el blanco se convirtió en el color estándar para las paredes de las galerías alemanas. 'En Inglaterra y Francia, el blanco solo se convierte en un color de pared dominante en los museos después de la Segunda Guerra Mundial, por lo que uno está casi tentado a hablar del cubo blanco como un invento nazi', dijo [Charlotte] Klonk. 'Al mismo tiempo, los nazis también movilizaron la connotación tradicional del blanco como un color de pureza; pero esto no jugó ningún papel cuando el contenedor de exhibición blanco flexible se convirtió en el modo predeterminado para exhibir arte en el museo'".

Elena Filipovic, "The Global White Cube" [El cubo blanco global]: "Una particularidad del cubo blanco es que opera bajo el pretexto de que su aparente invisibilidad permite que la obra de arte hable mejor; parece vacío, inocente, inespecífico, insignificante. En última instancia, lo que hace que un cubo blanco sea un cubo blanco es que, al experimentarlo, ideología y forma se encuentran, y todo sin que lo notemos. Años después de que Barr invocara el cubo blanco como el sello distintivo de los espacios de exhibición del MoMA, Hitler aprobó su uso para el interior de la Haus der Kunst en Múnich en 1937, el primer proyecto arquitectónico de los nazis después de llegar al poder. Ese nuevo edificio monumental con su interior de vastos espacios de galería bien iluminados, todos blancos y sin ventanas, se inauguró con la exposición *Grosse deutsche Kunstausstellung* (Gran Exposición de Arte Alemán). El contenedor blanco y la exhibición sobria sirvieron para hacer que los paisajes idílicos pintados y los cuerpos arios de bronce a la vista parecieran naturales e inocuos, a pesar de los motivos beligerantes que subyacen en su selección y presentación. Para enfatizar el mensaje, la demostración fue doblemente organizada; *Grosse deutsche Kunstausstellung* era el compañero positivo 'aceptable' de la exposición sombría, densamente abarrotada y aparentemente desorganizada *Entartete Kunst* (Arte Degenerado) que se inauguró en un instituto arqueológico cercano al día siguiente. Gracias a tal contraste, las obras de arte del primero parecían tanto más rectas y las del segundo tanto más aborrecibles. No se puede negar la coincidencia: cuando la estetización de la política alcanzó proporciones aterradoras, se convocó al cubo blanco. Nueva York y Múnich, 1929 y 1937".

La penumbra es

el blanquecino del blanco. Porque el blanco no puede saber

lo que sabe el blanco. ¿Dónde está la vida en eso?
¿Dónde está el derecho en eso? ¿Dónde está el blanco en eso?

En el hueso del hueso el blanco respira el miedo de ser,
la frustración de parecer desigual al blanco.

Los retratos blancos en las paredes blancas indican la propiedad de ●
[todos,
incluso como paredes blancas en blanco.

Y esto es comprensible, sí,

comprensible porque la cultura afirma que al blanco

se le debe todo: una gran herencia
un sistema asegura. En cada generación

la ecuación se mantiene, y mejor que
antes e indiferente al ahora y bastante

y siempre e inevitablemente blanco.

Esto es lo que significa usar un color y creer

que su toque es un abrazo. Incluso sin suerte

o posibilidad de nacimiento el andamio tiene los peldaños
y el legado y el mito de la meritocracia fijados en blanco.

Así es como el blanco se mantiene unido

así como los días aguantan tantos blancos no…

Texto *¿Qué implica que el blanco podría repudiar lo suyo incluso cuando el blanco no atacará su propia estructura?*

Notas y fuentes Caroline Randall Williams, "You Want a Confederate Monument? My Body Is a Confederate Monument" [¿Quieres un monumento confederado? Mi cuerpo es un monumento confederado]: "Si hay quienes quieren recordar el legado de la Confederación, si quieren monumentos, bueno, entonces, mi cuerpo es un monumento. Mi piel es un monumento".

El blanco está viviendo dentro de un edificio sólido, aislado de
la pérdida, el agotamiento, el agravio, la exposición,
la desesperación desposeída de todos los demás...

a la luz del día, el blanco endurece sus rasgos.

Los ojos, que retienen toda la luz, se endurecen.
Las mandíbulas, cerrándose sobre la justicia,
se endurecen hacia una furia que no llamará

al blanco para rendir cuentas incluso si para algunos
su promesa es completamente inválida.

Si la gente pudiera aclarar sus vidas,
incluso cuando la pobreza existe entre paredes blancas,
y solamente ser blanco es lo que está funcionando.

¿Quién implica que el blanco podría repudiar lo suyo?
incluso cuando el blanco no golpeará su propia estructura.

Incluso cuando el blanco no derrotará su propio sistema.

Toda reparación no alimenta nada desde el mismo momento
que otro puede ser echado.

A la luz del día, el derecho de los blancos a la ira justa
duplica la supremacía
de lo blanco en nuestro camino.

big little lies

Texto *No he terminado de pronunciar esa afirmación cuando me asalta el pensamiento de que no heredé ningún patrimonio (…)*

Notas y fuentes El artículo de 2017 de Darrick Hamilton y William A. Darity Jr. "The Political Economy of Education, Financial Literacy, and the Racial Wealth Gap" [La economía política de la educación, la alfabetización financiera y la brecha de riqueza racial] sostiene que "la herencia, el legado y el rescate in vivo representan una mayor parte de la brecha de riqueza racial más que cualquier otro indicador conductual, demográfico o socioeconómico (…) La brecha de riqueza racial intergeneracional se creó estructuralmente y prácticamente no tiene nada que ver con las elecciones individuales o racializadas. La fuente de la desigualdad es estructural, no conductual: las transferencias intrafamiliares brindan a algunos adultos jóvenes el capital para comprar un activo generador de riqueza como una casa, un nuevo negocio o una educación universitaria libre de deudas que se apreciará durante toda la vida. El acceso a este capital inicial no basado en el mérito no se relaciona con ninguna acción o falta de acción por parte del individuo, sino que deriva directamente de la posición familiar en la que se nace".

Texto *(…) pero por lo general, incluso si compartimos cuarto en la universidad, en la realidad no terminamos en el mismo lugar respecto a lo económico, ya que los blancos poseen diez veces el valor neto de lo que poseen los negros.*

Verificación Sí. Según el Instituto de Activos y Política Social de la Universidad Pew y Brandeis, en 2016 la riqueza media de los hogares blancos era diez veces mayor que la riqueza media de los hogares negros.

Notas y fuentes Pew: "En 2019, la riqueza media de los hogares blancos fue de 171.000 dólares. Eso es 10 veces la riqueza de los hogares negros (17.150 dólares)". Tom Shapiro, director del Instituto de Activos y Política Social, confirmó estas cifras vía correo electrónico.

Estoy hablando con una amiga blanca sobre el colapso de clases en la serie de televisión *Big Little Lies*. La estabilidad o inestabilidad económica se comunica por el tamaño y la ubicación de las casas de los diferentes personajes. Mi amiga y yo vivimos en casas similares, con diseños comparables y aproximadamente los mismos metros cuadrados. Quizás por eso cometo el descuidado error de ponernos en la misma categoría de clase que el personaje de Reese Witherspoon en el programa. Digo que estamos representadas por la pareja cuya bonita casa no se priva de nada: agua, un acantilado o cualquier otra maravilla natural.

No he terminado de pronunciar esa afirmación cuando me asalta el pensamiento de que no heredé ningún patrimonio; no pude trabajar fuera de casa mientras criaba a mi hija como lo hizo mi amiga y, y…

Me retracté tan rápido como había afirmado el hermanamiento basado en la similitud de los diseños de nuestras casas. Es un error extraño de cometer, pero mi amiga y yo tenemos vidas que parecen similares: ambas somos escritoras con antecedentes educativos equivalentes, traumas de vida y aspiraciones para nosotras y nuestras familias. Nos conocemos mucho de nuestra vida adulta, y quizás el afecto y la familiaridad me hicieron momentáneamente ajena a nuestras diferencias.

Nuestras historias económicas apuntan en parte a nuestras historias raciales, no es que no haya individuos negros más ricos que mi amiga, pero hablando en términos generales, incluso si compartimos cuarto en la universidad, en la realidad no terminamos en el mismo lugar respecto a lo económico, ya que los blancos poseen diez veces el valor neto de lo que poseen los negros. Nuestras diferentes razas nos han posicionado en el mundo de maneras radicalmente diferentes: su riqueza se remonta al *Mayflower*, y su posición anglosajona blanca es la forma en que ella explica muchas cosas sobre su vida. Mi propia inmigración de un país previamente colonizado, ciudadanía estadounidense naturalizada y condición de primera generación de mujer negra con estudios universitarios

Texto *Cualquier intento de borrar estas diferencias en última instancia nos desestabiliza, porque, a pesar de nuestras muchas conexiones, a pesar de estar sentadas la una frente a la otra, hemos sido empujadas fuera de una estructura desde extremos opuestos a través de la puerta de nuestra cultura compartida, para estar aquí sentadas.*

Notas y fuentes

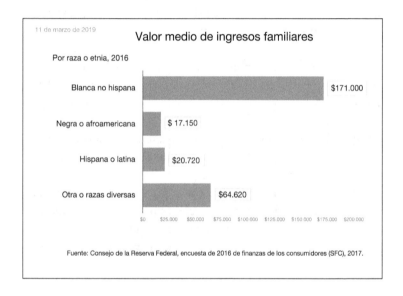

11 de marzo de 2019

Valor medio de ingresos familiares

Por raza o etnia, 2016

Blanca no hispana — $171.000
Negra o afroamericana — $ 17.150
Hispana o latina — $20.720
Otra o razas diversas — $64.620

Fuente: Consejo de la Reserva Federal, encuesta de 2016 de finanzas de los consumidores (SFC), 2017.

explican mucho sobre mí. Cualquier intento de borrar estas diferencias en última instancia nos desestabiliza, porque, a pesar de nuestras muchas conexiones, a pesar de estar sentadas la una frente a la otra, hemos sido empujadas fuera de una estructura desde extremos opuestos a través de la puerta de nuestra cultura compartida, para estar aquí sentadas. Empiezo a recordar todas las turbulencias y molestias entre nosotras que contribuyeron a lograr este momento de tranquilidad y fluidez.

Después de que mi amiga se va, levanto mi error como si fuera un globo de nieve y lo doy vuelta en mi mente. Mi suposición me recuerda un comentario hecho por un hombre blanco en un vuelo que tomé: "No veo el color". Como él, la falta de incomodidad me permitió, por un nanosegundo, ignorar la historia y las estructuras institucionales puestas en marcha para predeterminar que mi amiga y yo nunca podamos caer en la igualdad.

¿Fue mi error simplemente un deseo fuera de lugar de solidificar nuestra conexión, o hay algo más? ¿Fue el desliz un deseo místico de convertirme en mi amiga, asumir las trampas de su vida blanca y formar una apariencia de igualdad que nunca podrá existir? Entiendo que mi necesidad incluso de hacer esta pregunta se formula dentro de un marco centrado en el blanco que cree que toda la vida aspiracional es hacia la blanquitud. El marco de la jerarquía blanca ha estado detrás de la creación de una cultura a la que estoy sujeta y que integro. En consecuencia, sé con qué facilidad mis acciones podrían estar formadas por esa cultura. ¿Por qué no querer lo que ofrece el valor más duradero y estable, aunque también pueda ser tóxico y deshumanizante?

La vida que he hecho es mi vida, y aunque se superpone con lo que también desean las personas blancas como mi amiga WASP (nuestras casas, por ejemplo), hay agendas que integran la precariedad y el trauma en cualquier éxito profesional que he logrado que deben ser primordiales para mí. Un deseo esencial de equidad y la capacidad de vivir libremente sin el miedo al terrorismo blanco

literalmente triunfa sobre todo, como expresa la exprimera dama Michelle Obama en *Mi historia*.

A menos que algo estructural cambie de una forma que sigue siendo inimaginable, la vida que tiene mi amiga no es una vida que yo pueda alguna vez lograr. Nunca. Su tipo de seguridad no es meramente monetaria, es atmosférica y, por lo tanto, no es transferible. Es eso que reina invisible detrás del término "blanca". Algo que no la inmuniza contra la enfermedad, la pérdida o el decomiso de la riqueza, pero garantiza un nivel de ciudadanía, seguridad, movilidad y pertenencia que nunca podré tener yo. Ninguna de nosotras se siente desconcertada por nuestras diferencias particulares, aleatorias, bien ganadas, no ganadas, históricas o heredadas. De hecho, es la capacidad de mi amiga para comprender y mantener nuestras diferencias lo que crea la fluidez en nuestro trato así como nuestros antagonismos. Pero ¿por qué, aunque sea por un segundo, traducir la tranquilidad mutua en un estado de igualdad?

Si no es posible la igualdad de condición, incluso dentro de mis amistades blancas más cercanas, ¿cómo explicar nuestra cercanía? ¿Qué forma de relación puede incluir el conocimiento de la dinámica histórica y las realidades sociales sin impedir o interrumpir la intimidad? Si la similitud y la igualdad son esencialmente imposibles, ¿cómo se recupera la "diferencia" y se alinea con la cercanía? ¿Cómo mantenemos todas las diferencias sobre la mesa y aun así llamamos amistad a eso?

Anhelo confiar en nuestros sentimientos de cercanía, una cercanía que lleva años en proceso y que hizo que el racismo y las suposiciones racistas salieran a la superficie de nuestros sentimientos heridos y profundas decepciones. Deseo detener el tiempo y tener sentimientos de intimidad que envuelvan todo el tiempo, tanto el tiempo histórico como las décadas que pasaron entre el final de nuestros veinte y el final de nuestros cincuenta. Pero dejar de ser consciente de las ventajas innatas de mi amiga es dejar de estar presente dentro de nuestra relación.

Texto *Mi amiga ya sabe la verdad de su vida antes de que yo la traiga a colación.*

Notas y fuentes Dorothy A. Brown, "Shades of the American Dream" [Sombras del sueño americano] *Washington University Law Review*: "Los blancos tienen mayor probabilidad de ser dueños de sus propias casas (76%), seguidos por los asiáticos (61%), los latinos (49%) y los negros (48%). La raza importa cuando se trata de ser propietario de una casa. Ser blanco hace que sea mucho más probable que usted sea dueño de una casa que si es asiático, negro o latino (…) Aunque es más probable que los asiáticos sean propietarios de viviendas que los negros y los latinos, ya que el ingreso medio asiático es más alto que el ingreso medio de los blancos, podríamos esperar ver tasas de propiedad de vivienda aún más altas para los asiáticos que para los blancos, pero no es así (…) Las disparidades en la propiedad de vivienda por raza y etnia no se pueden atribuir únicamente a las diferencias en los ingresos. Incluso en los niveles de ingresos altos, hay menos negros y latinos propietarios de viviendas en relación con los blancos. En 2005, para todos los niveles de ingresos, las tasas de propiedad de vivienda de los negros eran menores que las tasas generales de propiedad de vivienda por ingresos".

Recordar la verdad de nosotras es estar dentro de nuestra verdad, en todas sus realidades y todos sus tropiezos y deslices. Entonces nuestra amistad es lo que nos permite alejarnos de la fluidez de la intimidad sin perderla por completo.

Mi amiga ya sabe la verdad de su vida antes de que yo la traiga a • colación. Su capacidad para no ignorar el momento de mi autocorrección, un momento que tiene lugar en el lenguaje, un lenguaje que parece distanciarnos en su afán de saber con precisión, esa capacidad señala que ella puede retener y reconocer sus ventajas, sus desventajas y su blanquitud, junto a mi negritud, mis desventajas y mis ventajas, a pesar de nuestras semejanzas.

El "solo nosotras" de dos pasos, mejor dicho, el tú y yo que representé, espero que ella haya podido seguirle el paso. Dudo que ella me hubiera corregido si yo no me hubiera corregido a mí misma, pero aparte de eso, juntas permitimos que la diferencia racial, tan construida como es, tan real como es, no se convierta para nosotras en una fuente de silencio amargo. Nuestra fortaleza, nuestra resiliencia con respecto a las diferencias mutuas se convierte en nuestra amistad en la vida cotidiana.

Aun así, cuando le pedí que respondiera a una versión anterior de este artículo, dijo que no se le ocurría nada interesante. Sigo preguntándome cómo ella, una escritora con una gran cantidad de pensamientos y una gran imaginación, de repente se quedó sin recursos.

soledad ética

i

Voy a ver *Fairview*, una obra de Jackie Sibblies Drury, con una amiga blanca. A mi amiga le interesa pensar la blanquitud; esta obra está interesada en pensar la raza. Estamos cubiertas en todas las direcciones.

Cerca del final de la obra, se rompe la cuarta pared. Un personaje les pide a los blancos del público que se levanten de sus asientos y suban al escenario que se ha transformado en un salón comedor beige con una escalera que conduce al segundo piso. Se revelarán rostros, la compostura será puesta a prueba. Se debe hacer un esfuerzo para mantenerse dentro de lo que la obra pide. El actor negro desea que el espacio del público albergue a las personas negras de una manera que el mundo no lo hace. El pedido se presenta en términos condicionales: ¿y si...? ¿Qué pasaría si el público, en este espacio de la imaginación, pudiera representar algo que no existe en nuestro mundo?

¿Es el escenario ahora un espacio segregado cuando los actores negros se unen a las personas negras en el público? ¿Se ha transformado el centro del escenario en la parte delantera del autobús? ¿O es ahora una sala de juntas exclusiva para blancos? En el momento, nadie sabe qué se está afirmando realmente. Un hombre blanco en el asiento detrás de mí dice: Esto está jodido. No obstante, se dirige al escenario.

La mujer blanca con la que estoy permanece en su asiento. Me estoy poniendo tensa. La dramaturga es una mujer negra, y yo soy una mujer negra, y quiero que su obra tenga lo que ha pedido. Lo que supongo que la obra necesita. ¿Mi identificación con la dramaturga es porque es negra, o porque es mujer, o porque es artista? Es imposible diseccionar. Mi tensión comienza a juntarse con un resentimiento creciente contra mi amiga blanca. Me siento traicionada por ella.

De una presentación de junio de 1981 que Audre Lorde dio en la Conferencia de la Asociación Nacional de Estudios de la Mujer, Storrs, Connecticut.

Mujeres respondiendo al racismo significa mujeres respondiendo a la ira, la ira de la exclusión, del privilegio incuestionable, de las distorsiones raciales, del silencio, del abuso, de los estereotipos, de la actitud defensiva, de los nombres incorrectos, de la traición y de la cooptación.

Mi ira es una respuesta a las actitudes racistas, a las acciones y presunciones que surgen de esas actitudes. Si en su trato con otras mujeres, sus acciones han reflejado esas actitudes, entonces mi enojo y los miedos concomitantes de ustedes, tal vez, sean puntos destacados que pueden usarse para su crecimiento de la misma manera que yo tuve que usar el aprender a expresar enojo para crecer. Pero para una cirugía correctiva, no en pos de la culpa. La culpa y la actitud defensiva son ladrillos en un muro contra el cual todos pereceremos, porque no le sirven a nuestro futuro.

No soy la dramaturga. La dramaturga podría pensar que el éxito de la obra depende de que algunos blancos permanezcan en sus asientos.

La dramaturga podría estar esperando a que una persona negra suba al escenario con la gente blanca. Nadie lo hace. Es posible que la dramaturga quiera que yo piense que su solicitud es divisiva y que salga del teatro pensando: no un escenario negro, no un escenario blanco, sino un "United Stage". La dramaturga podría haber calculado qué porcentaje del público, "miembros blancos del público", no cumplirían. ¿Son mis insoportables sentimientos una señal de que yo, un miembro negro del público, permanezco dentro de la obra? La dramaturga podría pensar: ¿Por qué me escuchan? a medida que más y más miembros blancos del público llenan el escenario y las personas de color permanecen sentadas. ¿Contendrá el escenario a toda la gente blanca? O, y esto es lo que me preocupa, la dramaturga podría haber dicho exactamente lo que quería que sucediera.

Estoy tratando de escuchar al actor decir las líneas finales de la obra, que resulta que están compuestas por citas de escritores negros famosos, pero todo lo que puedo pensar es en la presencia no obediente de mi amiga blanca en su asiento. ¿Por qué no hace lo que se le pide? No puedo entender por qué ella no puede hacer algo tan simple. ¿Por qué no puede ver que importa? ¿Importa? En el sentido de que la raza importa, su negativa se siente como una insistencia en la plena propiedad de todo el teatro. Oh, Dios. Empiezo a sentirme empujada fuera de mi propio asiento durante los últimos minutos de la obra. Abrumada por mi asociación con su negativa, tal vez un momento de vergüenza ajena.

Taxi.

Quiero correr. ¿Para alejarme de qué? ¿Una negativa encarnada que no puedo evitar ver y que me sorprende? ¿Mi propia emoción creciente frente a lo que percibo como beligerancia? ¿Una amistad errónea a pesar de mi comprensión de cómo funciona la blanquitud?

La ira está cargada de información y energía. Cuando hablo de mujeres de Color, no solo me refiero a mujeres Negras (...) La mujer de Color que me acusa de hacerla invisible al asumir que sus luchas contra el racismo son idénticas a las mías tiene algo que decirme de lo que será mejor que aprenda, si no, ambas nos desgastaremos discutiendo entre nosotras. Si participo, a sabiendas o no, en la opresión de mi hermana y ella me lo hace ver, responder a su enojo con el mío solo cubre la sustancia de nuestro intercambio con reacción. Es una pérdida de energía, yo necesito unirme a ella. Y sí, es muy difícil quedarse quieta y escuchar la voz de otra mujer delinear una agonía que no comparto, o incluso una en la que yo misma pude haber participado.

Pensé que compartíamos la misma cosmovisión, aunque no compartiéramos los mismos privilegios. ¿Sigue siendo mi corazón que late y se rompe?

Cuando la obra finalmente termina, le digo a mi confusa amiga: No sabía que eras negra.

Ella no responde.

Dada la irritación en mi voz, no es un comentario que busque una respuesta. Es mi interpretación de mi propia negativa a comprometerme más allá de los términos de la obra. Su resistencia a obedecer no pareció solidaridad, en la medida en que yo, como persona negra, me retiré cuando el pedido hecho por la obra desapareció. Debe entender que el pedido de la obra se hace en respuesta a un mundo donde los pedidos de la gente negra no importan. ¿Por qué no reconoce el momento como una propuesta de parte del feminismo negro?

Aunque mi amiga y yo tenemos la costumbre de hablar muy seguido, durante las próximas semanas hablamos de todo menos de este día. Aun así, no puedo dejar de volver a la imagen de ella pegada a su asiento. Estaba a cinco filas del escenario. ¿Por qué el recuerdo me sigue enfureciendo y desconcertando? ¿Por qué no puedo interpretar el momento? ¿Por qué no puedo dejar de interpretar el momento? ¿Por qué no puedo resolverlo y archivarlo?

Intento responder a mis preguntas silenciosas recordando que mi terapeuta me dijo una vez que algunos pacientes blancos que se identifican con el trauma y la victimización se ven a sí mismos como negros o judíos en sus sueños. Su comprensión de lo que han experimentado, cómo se sienten, se vuelve aprehensible solo a través de la lente del racismo contra los negros o del antisemitismo. Para encarnar plenamente su dolor, su trauma, necesitan que refleje las estructuras históricas e institucionales definidas por un evento incomprensible como la esclavitud o el Holocausto. Sus sentimientos de soledad, estancamiento o estasis se parecen, aunque son distintos, a

Y mientras escudriñamos el rostro a menudo doloroso del enojo del otro, recuerda que no es nuestro enojo lo que me hace advertirte que debes cerrar las puertas con llave por la noche y no caminar sola por las calles de Hartford. Es el odio que acecha en esas calles, el impulso de destruirnos a todas si realmente trabajamos por el cambio en lugar de simplemente entregarnos a nuestra retórica académica.

Este odio y nuestra ira son muy diferentes. El odio es la furia de aquellos que no comparten nuestros objetivos, y su objeto es la muerte y la destrucción. La ira es el dolor de las distorsiones entre pares y su objeto es el cambio. Pero nuestro tiempo se está acortando. Hemos sido educadas para ver cualquier diferencia que no sea de género como una razón para la destrucción, y que las mujeres Negras y las mujeres blancas enfrenten la ira de la otra sin negación, inmovilización, silencio o culpa es una idea herética y generativa. Implica que los pares se reúnan sobre una base común para examinar la diferencia y alterar las distorsiones que la historia ha creado en torno a la diferencia. Porque son esas distorsiones las que nos separan. Y debemos preguntarnos: ¿Quién se beneficia de todo esto?

lo que la teórica Jill Stauffer describe como soledad ética. Sus palabras exactas son: "La soledad ética es el aislamiento que uno siente cuando, como persona violada o como miembro de un grupo perseguido, ha sido abandonado por la humanidad o por aquellos que tienen poder sobre las posibilidades de la vida".

¿Es la negativa de mi amiga a moverse, a que la vean moverse, algo que ella necesitaba hacer? ¿Es un mensaje, una actuación de una sola persona? Le está diciendo a la audiencia negra, ey, ustedes, no se atrevan a mirarme. No pueden verme como un espécimen blanco. Esto está jodido, había dicho el hombre detrás de mí. El inconsciente, según yo lo entiendo, puede perder contexto o perspectiva. Tal vez mi amiga no pueda soportar que le digan qué hacer, y dónde eso empezó y dónde terminará tiene poco que ver con su blanquitud o todo que ver con su blanquitud. Mi percepción de un punto ciego en torno a la dinámica racial podría llevar a una discusión más amplia sobre el feminismo blanco y el derecho de los blancos. Tal vez solo estoy respondiendo a su blanquitud porque la obra construyó una escena en torno a nuestro posicionamiento racial no compartido. Tal vez mi propia línea de razonamiento sea tan exagerada que retroceda para golpearme en la cara. Sin embargo, una molestia incoherente persiste. No puedo dejarla ir. No la dejaré pasar. ¿Qué te importa? Me pregunto. Pero igual sigo preocupada por la arquitectura de mi intimidad con esta mujer. A partir de este momento, ¿con qué facilidad se me escapará el pronombre "nosotras" de mis labios?

Le pregunto a mi amiga, esta mujer blanca que habla mucho de comprensión y empatía: ¿Por qué no subiste al escenario? Ella me mira. ¿Hay una pausa? El tiempo parece reunir el espacio de las diferencias entre nosotras. Ella dice: No quería subir.

Todavía la estoy mirando. ¿Qué ve ella en mi cara? ¿No querías? ¿Está hablando de agotamiento? El agotamiento puedo comprenderlo. El agotamiento está ligado a la fatiga, y hacer frente a la embestida de un racismo que rejuvenece eternamente genera fatiga en todos nosotros. O, simplemente, es esto: no tengo que hacer lo

No tengo ningún uso creativo para la culpa, la tuya o la mía. La culpa es solo otra forma de evitar una acción informada, de ganar tiempo frente a la imperiosa necesidad de tomar decisiones claras, frente a la tormenta que se aproxima que puede alimentar la tierra y doblar los árboles. Si les hablo con ira, al menos les he hablado; No te he puesto una pistola en la cabeza y te he disparado en la calle; No miré el cuerpo de tu hermana sangrante y pregunté: "¿Qué hizo para merecerlo?". Esta fue la reacción de dos mujeres blancas al relato de Mary Church Terrell sobre el linchamiento de una mujer negra embarazada cuyo bebé luego fue arrancado de su cuerpo. Eso fue en 1921, y Alice Paul acababa de negarse a respaldar públicamente la aplicación de la Decimonovena Enmienda para todas las mujeres, excluyendo a las mujeres de Color que habían trabajado para ayudar a lograr esa enmienda.

que una mujer negra me dice que haga. Yo soy blanca. ¿No puedes ver eso?

No quería hacerlo. Y lo que quiero es lo que importa. Al final, al final, soy una mujer blanca. Yo soy la que importa. No quise. ¿Son estas las oraciones tácitas a las que debo adherir?

Dentro de lo poco que sé de esta mujer, y este momento parece mostrar lo mínimo que eso es, sé que la respuesta que me da a mí es igual a ninguna respuesta. Sé que la respuesta real, o en términos más realistas, la exploración real, está dentro de las conversaciones que tiene con otras personas, tal vez con otras personas blancas, tal vez con su terapeuta blanco. En mi imaginación, esas conversaciones me consideran como alguien que no puede soltar nada (nada parecido a la esclavitud, como si la esclavitud no se hubiera transformado y adaptado a nuestro siglo a través del encarcelamiento masivo y las inequidades institucionales) debido a mi propia sensación abrumadora de, de, de, sí, soledad ética. No soy su confidente. No soy alguien con quien ella comparta cosas. No soy la persona en quien ella confía con su blanquitud. No soy, como había pensado, la amiga que imaginé que era.

Estos son los pasos en falso, los malentendidos y los reconocimientos de las amistades. Después de escribir todo esto, lo comparto con ella porque somos amigas. No quiero que este texto sea una sorpresa o un secreto entre nosotras. Le digo que primero debemos ocuparnos de su contenido. Ambas estamos aprendiendo cómo movernos juntas a través de nuestros entendimientos. Ella dice que la pieza narra correctamente lo que dijo e hizo, entonces no se siente mal representada. Los pensamientos son míos, pero las acciones son de hecho suyas. Luego explica, "me sentí arengada por la obra en líneas familiares. No quería moverme. No quería estar en eso". El suyo era un "sentimiento frustrante y frustrado, una sensación de tristeza, también una sensación de ser criticada, todo a la vez". Ella también sintió que la obra fue brillante y no desea que la obra hubiera hecho algo diferente.

Los enojos entre mujeres no nos matarán si podemos articularlos con precisión, si escuchamos el contenido de lo que se dice con al menos tanta intensidad como nos defendemos de la manera de decir (...) Cuando nos apartamos de la ira, nos apartamos de la intuición y decimos que aceptaremos solo los designios ya conocidos, los designios mortíferos y seguros que nos son familiares. He tratado de aprender la utilidad de mi ira para mí misma, así como sus limitaciones.

Y luego hizo algo que yo no esperaba, pero eso explica por qué somos amigas. Ella se sentó y escribió.

ii

Entonces, por supuesto, después de hablar contigo y con la ayuda de la cinta de correr del gimnasio, mi cerebro empezó a tener más pensamientos (parte de la razón por la que me encanta conversar contigo). Solo que ahora tengo la oportunidad de anotarlos.

Esto sea quizás de interés para ti e importante para mí: sé que le huyo, a veces mucho, a veces un poco, a escenas en las que me piden, en términos personales o generales, que me sienta mal por ser una persona blanca; situaciones en donde cualquier otra cosa que se me pide, también se me pide que sienta vergüenza, culpa, que haga penitencia, que me sienta reprendida. Obviamente, parte de esta actitud mía se debe solo a que a nadie le gusta que lo reten (¿y a quién le gustaría?). ¿O a alguien le gusta? Aquí es donde mi reacción se vuelve importante para mí: reacciono con una especie de náusea cuando huelo, como dijo Darryl Pinckney, "al público blanco [que] confunde haber sido retado con haber aprendido algo" (en su artículo de NYRB sobre Afro-pesimismo). Por supuesto, hay razones para sentir vergüenza, culpa, para ser corregida, etc.; es decir, hay una historia real, y hay situaciones y experiencias reales e intercambios que las requieren, y parte de mi reacción es (lo digo por el "¿y a quién le gustaría?") directamente defensiva. Pero las situaciones (afirmaciones, publicaciones en blogs, actividades de talleres de diversidad, lo que sea) fabricadas específicamente para provocar en el blanco vergüenza, penitencia, etc., me inquietan; siento que las transacciones impías quedan expuestas, como si el masoquismo moral blanco se estuviera emocionando.

Creo que ya te conté esta historia, pero recuerdo, en un taller de diversidad, a un nuevo colega, un joven blanco, diciendo que lo más difícil del trabajo sobre diversidad, equidad e inclusión (el espacio en blanco que nos pidieron que llenáramos) fue algo así como no dejar que los desafíos emocionales del trabajo, y su costo psíquico, lo convencieran de que había hecho algo simplemente por subirse a la montaña rusa emocional blanca. ¿Es demasiado racional decir que no quise seguir el juego con la demostración de la vergüenza blanca y la resolución final (por

mucho que pensé que era una manera brillante de terminar la obra) porque parecía una puesta en escena de eso y nada más?

Parte de la frustración y el cansancio que sentí en ese momento tuvo que ver con lo repetitivos que suelen ser los llamados a que los blancos nos miremos a nosotros mismos, a que demos un paso adelante, a que movamos nuestros cómodos culos, etc. Que esa llamada fueran citas literarias (creo que de Hughes, Du Bois, Alain Locke, tal vez Hurston) tuvo un sentido muy triste para mí: sospecho que parte de mi frustración, agotamiento y tristeza se debe a que las llamadas se hacen, una y otra y otra vez, de forma brillante y urgente, y tanta gente blanca se encoge de hombros, o se siente conmovida, pero después no hace nada.

Por supuesto, en cierto modo no estaba haciendo nada quedándome sentada, y desde afuera no había forma de saber lo que estaba pensando; el pensamiento más fácil de atribuírseme podría haber sido "Esto está jodido", y en cierto modo, ese es el pensamiento correcto. Creo que si otros blancos no se hubieran levantado, o si hubiese parecido que no se estaban levantando los suficientes, yo lo habría hecho. Quería que la obra funcionara. Tiendo a sentirme responsable. Creo que esperaba que mi resistencia al escenario pudiera de alguna manera ser parte de un final completamente exitoso: no todas las personas blancas se levantaron; interesante.

Me encantó la parte de tu artículo sobre lo que te dijo un terapeuta sobre los blancos que sueñan que son negros o judíos como una forma de habitar el dolor. Estoy segura de que te he contado que, cuando era niña, leía, una y otra vez, todos los libros que tenía nuestra biblioteca local sobre el Holocausto, sobre la esclavitud en Estados Unidos y también sobre los juicios a las brujas y los dispositivos de tortura medievales. Necesitaba escenas que me confirmaran mi sensación de que la gente es increíblemente cruel con la gente cercana. No pensé que fuera negra al final de la obra, pero estaba tan harta de los blancos, tan identificada con aquellos que se sienten observados (los negros en la obra), tan asombrada por la obra, que temblaba. Reclamar/poseer la blanquitud, en ese momento por medio del gesto de levantarme, me costó mucho. Me sentí pegada a mi asiento. Estoy segura de que hay mucho

más que decir/pensar/analizar sobre todo esto, pero esa es la verdad fe-
nomenológica del asunto, por jodido y por otros motivos.

Aprecié la respuesta de mi amiga incluso cuando empecé a responderle críticamente. Pero, además, siempre queda la vida de ella, sus
experiencias que me hablan. Estoy en mi cabeza y en mi corazón
simultáneamente. Lo que sé es que siempre puedo preguntar, incluso
cuando siento lo que no quiero sentir. Siempre puedo preguntar.

iii

Un personaje
les pide a los miembros blancos del público que se levanten

El actor negro
desea que el espacio   albergue a las personas negras

¿y
si?

La mujer blanca   permanece en su asiento.

La dramaturga podría pensar

Una negativa encarnada

                                                            pero

Ella no responde.

                                        negativa
                                                            pareció
                        el   desapareció.

        sueños.

No quería.

       no

no puede

          No soy

la   blanquitud

        que imagino

espacios liminales ii

Texto *En respuesta a Kitt, se informó que Lady Bird Johnson lloró.*

Verificación No. Esto puede ser cierto, pero se dice que ambas partes negaron más tarde que ella realmente hubiera llorado.

Notas y fuentes Según un informe de *USA Today* titulado "Eartha Kitt's Vietnam Comments Nearly Ended Her Career" [Los comentarios de Eartha Kitt sobre Vietnam casi terminaron con su carrera], Lady Bird Johnson escribió en un diario privado que "un periódico decía que estaba pálida y que mi voz temblaba levemente cuando le respondí a la señorita Kitt. Creo que eso es correcto. Yo no tenía lágrimas en los ojos como decía otro periódico". La hija de Kitt le dijo al periódico: "Mi madre dijo que nunca vio lágrimas".

¿Qué significa recrear conversaciones en detalle para desenmascarar… qué? ¿El auto-posicionamiento? ¿El yo en relación con otro, un otro?

¿Qué vive en el encuentro? ¿Qué hay en la franqueza de ese evento? ¿Lo importante es lo que se dice o lo que no se dice? ¿El momento es el momento anterior a que se comparten las palabras o el momento posterior?

Vivir solo en los archivos de las conversaciones es, quizás, ver lo que la cultura ha formado, de buena gana. ¿Repetidamente? Por supuesto.

> El presidente Lyndon B. Johnson, quien firmó la Ley de Derechos Civiles en 1964, le dijo a Bill Moyers: *Si puedes convencer al peor hombre blanco de que es mejor que el mejor hombre de color, no se dará cuenta de que estás hurgando en su bolsillo. Demonios, dale a alguien a quien despreciar y vaciará sus bolsillos por ti.*

> Eartha Kitt, en un almuerzo en la Casa Blanca en 1968, le dijo a Lady Bird Johnson: *Envías a los mejores de este país a una guerra y les disparan y los mutilan. Ellos no quieren eso (…) Se rebelan en las calles, fuman porro. Por si no conoces el término, quiere decir marihuana.*

> En respuesta a Kitt, se informó que Lady Bird Johnson lloró • por las dudas de que alguien no hubiera escuchado el daño infligido por el comentario de Kitt. La CIA creó un expediente sobre Kitt una semana después del almuerzo. Luego fue incluida en la lista negra en los Estados Unidos durante la década siguiente.

Conversar es arriesgarse a que se deshaga lo dicho y lo no dicho.

Conversar es arriesgarse a que se ejecute lo retenido por el silencio.

Thomas Jefferson en *Notas sobre el estado de Virginia:*

Seguramente se formulará la pregunta: ¿Por qué no retener e incorporar a los negros al estado, y así ahorrar el gasto de cubrir las vacantes que ellos dejarán con colonos blancos importados? Prejuicios profundamente arraigados en los blancos; diez mil recuerdos por parte de los negros de las lesiones que han soportado; las distinciones reales que ha realizado la naturaleza y muchas otras circunstancias nos dividirán en partes y provocarán convulsiones que probablemente nunca terminarán hasta que una raza extermine a la otra. A estas objeciones, que son políticas, deben agregarse otras físicas y morales. La primera diferencia que nos sorprende es la del color. Si la negritud del negro reside en la membrana reticular entre la piel y la epidermis, o en la epidermis misma; si proviene del color de la sangre, del de la bilis o del de alguna otra secreción, la diferencia se fija en la naturaleza y es tan real como si su lugar y causa fueran mejor conocidos por nosotros. ¿Y esta diferencia no tiene importancia? ¿Acaso no es el fundamento de una mayor o menor porción de belleza en las dos razas?

¿Qué se quiere? ¿Qué se dice, qué se comparte, qué se sabe siempre en todos los casos?

Empleado de Starbucks al operador del 911: *Hola, tengo dos caballeros en mi café que se niegan a hacer una compra o irse. Estoy en el Starbucks de la calle 18 esquina Spruce.*

¿Qué es el «nunca» en el centro del momento, qué es el «nunca más», qué es el «no», el «no» en el enunciado?

¿Las conversaciones son deseos proyectados? ¿Conversar es una danza? El ir y venir, ¿una oportunidad? ¿Tomar? ¿O ser tomado? ¿Ser quitado? ¿Sacado?

¿Qué está siendo amenazado? ¿Qué está siendo defendido? ¿Qué se está quitando? ¿Todo está siendo quitado? ¿Qué es?

¿Qué se ofende? ¿Ofensiva? ¿Es simplemente porque yo lo soy? ¿O porque lo eres tú? ¿Estoy en tu camino? ¿Que tú te interpones en mi camino? ¿Te conozco? ¿Puedo conocerte? ¿A tu manera? ¿De todos modos?

> HILARY BROOKE MUELLER: *Puedes filmarme. Está bien.*
> D'ARREION TOLES: *Entiendo, señora, pero está bloqueándome el paso.*
> MUELLER: *Estoy en mi edificio.*
> TOLES: *De acuerdo, también es mi edificio, así que necesito que me deje el paso libre y*
> MUELLER: *OK, ¿qué unidad?*
> TOLES: *No necesito decir esa información, así que disculpe, señora.*
> MUELLER: *Me siento incómoda.*
> TOLES: *Disculpe. OK, puede sentirse incómoda, esa es su decisión. Usted se siente incómoda por su propia culpa. Necesito que se mueva fuera de mi camino, por favor.*
> MUELLER: *No.*

Solo nosotros, solo gente, la misma gente, pero ¿qué es lo que esa gente, que es solo gente, está sintiendo o queriendo o siendo? El alboroto tan brutal crece, crece, se levanta.

¿Qué es lo que se levanta dentro de nosotros, entre nosotros? ¿Qué es lo que surge porque somos la historia dentro de nosotros?

OPERADOR DEL 911: *911 de San Francisco. ¿Cuál es la ubicación exacta de tu emergencia?*

ALISON ETTEL: *Estoy en la acera. Hola. Veo a alguien que no tiene un permiso de vendedor y está vendiendo agua frente al estadio de béisbol.*

OPERADOR: *Ehhh...*

ETTEL: *¿Tienes a alguien con quien pueda hablar sobre eso?*

OPERADOR: *De acuerdo, un segundo. Déjame transferirte al Departamento de Policía. No cuelgues.*

ETTEL: *Genial, gracias.*

ETTEL: Hola. *Estoy viendo a alguien que, ehhh, no tiene permiso de vendedor que está vendiendo agua frente al estadio de béisbol.*

¿Cuál es la incoherencia que llama? ¿Qué llama por su nombre, qué hace que el sentimiento se vuelva ira? ¿Qué hace que el sentimiento sea la certeza de la ignorancia, la ceguera de la escarcha? ¿La falta de ley de la pérdida?

Mujer blanca no identificada: *No me molesta si lo digo y no me importa si todos me escuchan. Creo que todo el mundo aquí siente lo mismo que yo; vuelva al maldito lugar del que sea que haya venido, señora.*

Una fuerza dentro de la blanquitud está forzando la blanquitud.

¿Cuál es el sentimiento que tira, que está tirando, que la está tirando para afuera, qué sensación incivilizó la expresión? ¿Cuál? ¿Qué nos arrastró a nosotros, solo nosotros, aquí? ¿Cuál es la justicia que se quiere?

Luego se le pide a la persona negra que se vaya a desalojar para probar para validar para confirmar para autorizar para legalizar su

Texto (...) *se pide ayuda ayuda a la policía ayuda ayuda a la policía se pide ayuda ayuda a la policía.*

Notas y fuentes Zak Cheney-Rice, "NYDP Union Lawers Argue That Eric Garner Would've Died Anyway Because He Was Obese" [Los abogados de la policía de Nueva York argumentan que Eric Garner habría muerto de todos modos porque era obeso], la revista *New York*: "El equipo de defensa de Pantaleo ha afirmado constantemente que Garner fue responsable de su propia muerte. Si no hubiera tenido sobrepeso ni hubiera sido asmático, argumentan, habría sobrevivido a la violencia a la que fue sometido. Si bien puede parecer extraño sugerir que la salud física de una víctima puede usarse para exonerar a alguien que la estranguló y mató, es coherente con la lógica aplicada a muchos casos en los que la policía evadió la responsabilidad de haber matado a civiles desarmados; en muchos de estos casos se argumentaba que las víctimas podrían haber evitado morir, ya sea manteniendo una mejor condición física en el caso de Garner, o pareciendo menos aterradoras a la policía, como en los casos de Michael Brown, Terence Crutcher y otros".

derecho a estar en el aire en el aire estar aquí y entonces se pide ayuda ayuda a la policía ayuda ayuda a la policía se pide ayuda • ayuda a la policía.

La mayoría de las veces, el respaldo policial refuerza las afirmaciones de la persona que los llama en la blanquitud de la verdad, la blanquitud del victimismo en el beneficio blanqueador de la duda en la explicación más blanca que blanca.

EARL: *Ellos no están merodeando de forma sospechosa.*

JM: *¿Cómo puedo estar yo merodeando sospechosamente en un área que es pública?*

EARL: *Estás sentado aquí.*

JM: *¿Así que está prohibido estar en este sector después de cierta hora?*

EARL: *Solo se puede estar aquí si se es huésped del hotel.*

JM: *Estoy en el hotel.*

EARL: *No me lo dijiste.*

JM: *Dije que soy huésped del hotel. Se lo dije.*

EARL: *Te pregunté en qué habitación estabas y te negaste a decirme.*

JM: *Estoy creo que en la 5, acabo de registrarme hoy, aquí está mi factura, mi eh…, habitación, acabo de registrarme con mi American Express y estos señores me están acosando.*

LOUIS: *Nadie te está acosando, hombre.*

JM: *Usted me está acosando.*

LOUIS: *Solo estoy tratando de llegar al fondo del asunto.*

JM: *No hay ningún asunto al que llegar al fondo, señor. ¿Quiere comprobar y ver si soy o no un huésped?*

LOUIS: *Por eso te pregunto, hombre. Estoy intentando ayudarte aquí, hermano.*

JM: *No, me gustaría que venga la policía. Llame a la policía, por favor.*

LOUIS: *Está bien. Está bien.*

EARL: *Mira a lo que me enfrento.*

JM: *Ustedes están locos.*

. . .

JM: *Porque Earl me dijo que necesitaba ¿irme?*

POLICÍA: *Earl tiene el control de la propiedad, sí.*

JM: *Entonces Earl dirige este lugar...*

POLICÍA: *Lo hace ahora mismo.*

JM: *Estoy sentado aquí hablando por teléfono...*

POLICÍA: *Puedes narrar esto...*

La policía cree que la policía les cree al presidente a la historia a la educación a los medios de comunicación a lo que les enseñó el entretenimiento al mundo saben lo peor que llevan.

Así es como sabemos que esto no es un problema de salud mental. Este no es un problema aislado. Esto no nos merece ni nos sirve.

josé martí

Texto *Brooklyn. A ella le preocupa que maten a su hijo. ¿Asesinado por quién? ¿Mi fantasía o su fantasía? ¿Has estado en Brooklyn últimamente?*

Notas y fuentes Las tasas de delincuencia en general en la ciudad de Nueva York se encuentran en los niveles más bajos en décadas; véase la cobertura de *The New York Times*: "Crime in New York City Plunges to a Level Not Seen Since the 1950s" [La delincuencia en la ciudad de Nueva York se desploma a un nivel no visto desde la década de 1950]. Ha habido un ligero repunte en Brooklyn muy recientemente, pero en el panorama más amplio, las cifras siguen siendo bajas. *The New York Times* sobre la situación reciente en Brooklyn: "Hasta ahora ha habido 21 asesinatos en los distritos del norte de Brooklyn, en comparación con los 12 en este mismo momento del año pasado [2018]. Muchos de esos asesinatos se han dado en vecindarios como East New York y Brownsville. Otros han ocurrido en los límites de áreas de rápida gentrificación como Bushwick y Bedford-Stuyvesant, donde hubo cuatro asesinatos en un radio de cinco cuadras a principios de este año", pero "la violencia en Brooklyn aún está muy lejos de la cresta de la ola de asesinatos de principios de la década de 1990. Para abril de 1993, por ejemplo, los mismos 10 distritos en Brooklyn North ya tenían más de 80 asesinatos". Existe una disparidad racial significativa en la victimización por delincuencia en Nueva York, en el sentido de que los blancos son asesinados y acosados a un ritmo menor que otros grupos. Véase la cobertura del *Wall Street Journal* sobre ese aspecto de la situación.

Un informe del NYPD (Departamento de policía de Nueva York) desglosa la raza de las víctimas de delitos. Estos son los datos más recientes disponibles y se refieren a 2018. Aspectos destacados clave (hay más categorías disponibles, y téngase en cuenta también que "sospechoso" puede tener un significado específico en este contexto): Asesinato: "Las víctimas de asesinato y homicidio sin negligencia son mayormente negros (62,6%) o hispanos (24,9%). Las víctimas blancas representan el 9,6% de todas las víctimas de asesinato y homicidio sin negligencia, mientras que los asiáticos/isleños del Pacífico representan el 2,8% de todas las víctimas de homicidio involuntario y homicidio sin negligencia. La raza/etnia de los sospechosos conocidos de asesinato y homicidio sin negligencia refleja la población de víctimas con sospechosos negros (61,9%) e hispanos (31%) que representan la mayoría de los sospechosos. Los sospechosos blancos representan el 5,4% de todos los sospechosos de asesinato y homicidio sin negligencia, mientras que los asiáticos/isleños del Pacífico representaron el 1,7% de esos sospechosos de homicidio sin negligencia y asesinato conocidos". Robo: "Las víctimas de robo son con mayor frecuencia hispanos (38,7%) o negros (30,6%). Las víctimas asiáticas/isleños del Pacífico representan el 15,8% de todas las víctimas de robo mientras que los blancos representan el 13,9% de todas las víctimas de robo. La raza/etnia de los sospechosos de robo conocidos es principalmente negra (65,8%). Los sospechosos hispanos representan un 27,1% de la población sospechosa. Los sospechosos blancos representan el 4,6% de todos los sospechosos de robo, mientras que los asiáticos/isleños del Pacífico representan el 2,4% de los sospechosos de robo conocidos".

Un hombre blanco mayor le dice a la mesa que su hijo se estará embarcando nuevamente dentro de poco. Cree en la importancia del servicio militar, pero eso no le impide temer por la vida de su hijo. La jueza blanca sentada a mi lado simpatiza con su posición. Ella conoce ese sentimiento. Su hijo se va a mudar a Brooklyn. ¿Brooklyn? Me siento tranquilamente pensando en todos los eufemismos que usan los blancos para llevar adelante su fantasía con contenido negro, ¿o es mi fantasía de su fantasía? Contenido desagradable. Contenido peligroso. Contenido aterrador. Brooklyn. Le preocupa que maten a su hijo. ¿Asesinado por quién? ¿Mi fantasía ● o su fantasía? ¿Has estado en Brooklyn últimamente?

¿Por qué la jueza no dice lo que quiere decir? Soy consciente de que estoy luchando por permanecer en silencio en este momento. ¿Participo en el racismo que ella podría creer justificado? ¿Conoce a una persona blanca como su hijo que haya sido asesinada, robada o incluso herida en Brooklyn? ¿Condenó a suficientes habitantes de Brooklyn para cimentar una ecuación entre Brooklyn y una zona de guerra? ¿Mi fantasía sobre ella está enmarcada principalmente por lo que sé sobre el sistema judicial? ¿He leído *The New Jim Crow* demasiadas veces? ¿He seguido en exceso la carrera de Bryan Stevenson? ¿Estoy dando un salto que no existe? Ella dio a entender que Brooklyn podría matar a su hijo; no dijo negro, no dijo caribeño, no dijo latinx. ¿Qué otras comunidades conozco en Brooklyn? ¿La comunidad judía jasídica? ¿Los europeos del Este? ¿Los dominicanos? ¿Los coreanos? ¿Quién no vive ahí? ¿Qué tan segura puedo estar de lo que quiso decir? Nadie más en la mesa se ríe de su declaración. ¿Estoy proyectando algo sobre ella sin razón? ¿Debería preguntarle si teme que su hijo sea asesinado por otro hombre blanco aburguesado, ya que la mayoría de las víctimas y los sospechosos son vecinos?

¿Cuánto puedo alejarme de la confrontación usando el lenguaje de la indagación? ¿A dónde vas con esta analogía? ¿Dónde hemos aterrizado con esta comparación que no es comparación, jueza? Porque sé que, si el resultado de las elecciones de 2016 hubiera sido diferente, esta jueza blanca ahora podría ocupar un puesto en nuestro

BLACK LIVES

gobierno, y todos pensaríamos que fue mejor que lo que recibimos en ese momento, y parecería mejor que lo que obtuvimos. Me hundo en mi propia conciencia profunda de cuán desesperadamente blanca y aparentemente racista sigue siendo nuestra esperanza. ¿Me equivoco? Brooklyn, no negro.

Y sea lo que sea lo que quiso decir, ella no es la excepción. El senador Bernie Sanders, quien era la esperanza de muchos, considerando las pérdidas demócratas después de las elecciones de mitad de período de 2018, comentó: "Hay muchos blancos que no son necesariamente racistas y que se sintieron incómodos por primera vez en sus vidas acerca de si querían o no votar por un afroamericano". ¿Cómo puede ser que no votar por alguien simplemente porque es negro no sea algo racista? Aunque Sanders no fue tímido al calificar de racistas las campañas de Brian Kemp y Ron DeSantis (en su propio tuit, dijo: "Un anuncio que publicaron los republicanos fue incluso rechazado por Fox Television debido a su contenido racista… En Florida, Andrew Gillum, a quien estuve orgulloso de apoyar incluso durante las primarias, enfrentó semana tras semana el racismo de su oponente y las fuerzas aliadas. Eso fue un hecho. Y al final, creo que esos ataques cobardes fundados en el 'miedo al otro' tuvieron un efecto en el resultado. Stacey Abrams enfrentó ataques similares, además de una supresión de votantes sin precedentes. Esa es una realidad que tiene que cambiar"), incluso él pareció frenarse en seco cuando se trataba de etiquetar a los potenciales votantes blancos de racistas.

¿Cómo pueden los candidatos demócratas e independientes blancos tener en mente la humanidad de la gente negra a nivel político cuando ellos mismos exhiben o toleran el racismo con cualquier lenguaje de disculpa que se les ocurra? Un caso de 2019 podría ser la invocación de Joe Biden de dos segregacionistas blancos como un ejemplo de su capacidad para trabajar juntos.

Sé que "simplemente ser blanco es ser racista" es el eslogan que usan algunos liberales en estos días, pero ¿cuándo comenzarán a hacerle caso a lo que supuestamente saben? ¿Cuándo será importante el

Texto *No es de extrañar que en la carrera hacia la blanquitud, ciertos asiáticos, latinxs y negros se hayan quedado, según la fantasía que tengo de ellos, sin aliento en su intento por distanciarse de la negritud.*

Verificación Tal vez. El contexto más amplio podría complicar esta afirmación. Véanse los ejemplos a continuación.

Notas y fuentes La historia ampliamente citada de Ellen D. Wu, *The Color of Success: Asian Americans and the Origins of the Model Minority* [El color del éxito: Los asiáticos estadounidenses y los orígenes de la minoría modelo] sostiene que la asimilación asiático-estadounidense se entiende mejor como un proceso inseparable de una estructura social supremacista blanca en lugar de un producto del deseo asiático-americano solamente: "Antes de las décadas de 1940 y 1950, los blancos consideraban a los chinos y japoneses como extranjeros inasimilables no aptos para ser miembros de la nación. Los estadounidenses habían sometido a los llamados orientales al régimen de exclusión asiática, marcándolos como definitivamente no blancos y excluyéndolos sistemáticamente de la participación cívica a través de medidas tales como prohibiciones a la naturalización, discriminación ocupacional y segregación residencial. Sin embargo, a partir de la Segunda Guerra Mundial, las ambiciones geopolíticas de Estados Unidos provocaron cambios sísmicos en las nociones populares de nacionalidad y pertenencia (...) A mediados de la década de 1960 [se había inventado] un nuevo estereotipo de los estadounidenses de origen asiático como minoría modelo: un grupo racial distinto de la mayoría blanca, pero alabado como bien asimilado, con movilidad ascendente, no amenazante a nivel político y definitivamente no negro". Véase también su entrevista en *The Washington Post*: "El mito de la minoría modelo tal como lo vemos hoy fue principalmente un resultado involuntario de los intentos anteriores de los estadounidenses de origen asiático por ser aceptados y reconocidos como seres humanos".

Un estudio de Pew Research de 2016, *How U.S. Afro-Latinos Report Their Race* [Cómo informan su raza los afro-latinos estadounidenses] encontró que solo el 18% de los afro-latinos que así se identifican a sí mismos también se identifican como negros.

Véase también el libro de Allyson Hobbs *The Chosen Exile: A History of Racial Passing in American Life* [El exilio elegido: Una historia de pases raciales en la vida estadounidense].

conocimiento para la práctica? "El paisaje de tu palabra es el paisaje del mundo", escribió el escritor, poeta y filósofo martinicano Édouard Glissant.

No es de extrañar que en la carrera hacia la blanquitud, ciertos asiáticos, latinxs y negros se hayan quedado, según la fantasía que tengo de ellos, sin aliento en su intento por distanciarse de la negritud. Claire Jean Kim argumenta que esto es construido intencionalmente por los blancos en su artículo "The Racial Triangulation of Asian Americans" [La triangulación racial de los asiático-americanos]: "La triangulación racial ocurre por medio de dos tipos de procesos simultáneos vinculados: (1) procesos de 'valorización relativa', a través de los cuales el grupo dominante A (blancos) valoriza el grupo subordinado B (asiático-americanos) para subordinar al grupo C (negros) por motivos culturales y/o raciales con el fin de dominar a ambos grupos, pero especialmente al último, y (2) procesos de 'ostracismo cívico', en los que el grupo dominante A (blancos) construye el grupo subordinado B (asiático-americanos) como inalterablemente extranjeros e inasimilables con los blancos por motivos culturales y/o raciales para excluirlos del cuerpo político y de la participación cívica". Este modelo en cualquier caso sería específico para los asiático-americanos y no se aplica de la misma manera a nuestra población latina.

Pero volviendo a nuestros sistemas de gobierno, un sistema de justicia ineficaz apunta a un racismo profundamente arraigado en contra de la gente negra en todas las ramas de nuestro gobierno. Esto no cambia porque tengamos senadores de color. Ted Cruz, antes conocido como Rafael Edward Cruz, que es irlandés-cubanoamericano, es un ejemplo de un antirracista poco confiable en una cena de gente mayoritariamente negra y morena. Una artista en la fiesta dice que Cruz no la representa a ella ni a lxs latinxs. Señala que hay muchas personas latinxs identificadas con negros cuyos puntos de vista no están representados en ninguna parte de nuestra discusión, y que ser identificados como negros no determina nada.

Texto *Aunque la asimilación a la blanquitud es muy posible para algunos que se identifican como latinxs, muchos de los que se identifican a sí mismos como blancos no son tratados ni vistos como blancos.*

Notas y fuentes En su libro *Race Migrations: Latinos and the Cultural Transformation of Race* [Migraciones raciales: Latinos y la transformación cultural de la raza], Wendy Roth analiza las formas en que los migrantes puertorriqueños y dominicanos se asimilan a la estructura social racial de Estados Unidos según el color de su piel. Ella argumenta: "Las estrategias raciales que adoptan estos migrantes —asimilación, cambio de código y hacerse pasar por blancos según la situación— son, en última instancia, soluciones privadas para hacer frente a las barreras raciales. Permiten que algunos puertorriqueños y dominicanos de piel clara crucen la línea de color de forma momentánea o permanente, pero dejan esa línea de color detrás de ellos. Aquellos con piel media y oscura no pueden cruzar hacia la blanquitud, ni siquiera de forma transitoria. Si bien adoptar el comportamiento cultural del grupo blanco dominante puede mejorar sus oportunidades socioeconómicas, siguen racializados como latinos, una clasificación que trae algunas ventajas relacionadas con la acción afirmativa, pero también muchas barreras. Las soluciones privadas asociadas con las estrategias raciales pueden ser útiles para algunas personas, pero las soluciones públicas son las que rompen las barreras raciales para todos".

Texto *Las comunidades indígenas de lugares como México y los países centroamericanos son apenas tenidas en cuenta.*

Notas y fuentes El censo de Estados Unidos obliga a las personas con identidad indígena latina a ubicarse en un marco de raza/etnia que no es necesariamente relevante para su experiencia de vida. Un artículo del *New York Times*, "Hispanics Identifying Themselves as Indians" [Los hispanos que se identifican a sí mismos como indios], de Geoffrey Decker, a pesar de tener ya algunos años, ofrece una buena descripción de las limitaciones que enfrentan lxs latinxs de origen indígena al completar el formulario del censo estadounidense: "Los totales de indígenas estadounidenses son todavía una pequeña fracción de la población hispana general de Estados Unidos, que llegó a 50 millones este año. Pero el desvío en los datos del censo representa una mayor conciencia entre los latinos nativos que creen que su herencia se remonta más atrás que las nacionalidades disponibles en el formulario del censo".

Más tarde, la artista envía a todos los que asistieron a la fiesta un enlace de video a una presentación de Miriam Jiménez Román, quien señala que el censo manipula a la población latina en identidades raciales debido a sus categorías raciales predeterminadas. "Latinx" es el término de género neutro que reemplaza a "latino" y "latina" que se usaban anteriormente. Jiménez Román también señala que estadísticamente un alto porcentaje de puertorriqueños en Puerto Rico se identifican como blancos. Aunque la asimilación a la blanquitud es muy posible para algunos que se identifican como latinxs, muchos que se identifican a sí mismos como blancos no son tratados ni vistos como blancos. Y aquellos que se identifican a sí mismos como afro-latinxs son ignorados por los negros y borrados por los blancos. Las comunidades indígenas de lugares como México y los países centroamericanos son apenas tenidas en cuenta.

Mientras en casa repito nuestra conversación en mi cabeza, considero llamar a la artista para continuar la conversación que tuvimos durante la cena. La lluvia difumina los árboles más allá de mis ventanas, y me pregunto si esta mujer está tan consternada por mi ignorancia como a veces me siento yo frente a algunos blancos. De alguna manera, entiendo que ella es el tipo de interlocutora con la que necesito involucrarme, con la que quiero involucrarme. Junto a su voluntad de cuestionar las cosas, imagino que existe el deseo de conocer y ser conocida. Entiendo que pedirá responsabilidad de una manera que no pretende ofuscar sino aclarar. La claridad que exige pone de manifiesto mis propios puntos ciegos. Decido llamarla.

Por teléfono, reitera que cree que la narrativa asimilacionista latina ha sido construida por la propia blanquitud. Hay presión para que las personas latinas se asimilen, dice. La presión comienza dentro del censo nacional, en los límites de sus categorías. La cultura, cuando habla de excelencia negra, rara vez incluye ejemplos de latinxs negrxs. Nadie habla del intercambio de culturas entre afroamericanos y afrocubanos en el desarrollo del jazz, por ejemplo, dice. Con solo el 18% de las personas afro-latinas que se identifican

Texto *Con solo el 18% de las personas afro-latinas que se identifican como negras, muchos latinos no se ven a sí mismos ni en la blanquitud ni en la negritud estadounidenses porque tienen culturas con historias específicas y figuras históricas que no están incluidas en la narrativa estadounidense.*

Notas y fuentes Consúltense los datos de Pew a continuación.

Véase también "Socially Desirable Reporting and the Expression of Biological Concepts of Race" [Informes socialmente deseables y la expresión de conceptos biológicos de la raza] por Ann Morning, Hanna Brückner y Alondra Nelson, *Du Bois Review: Social Science Research on Race.*

---

29 DE FEBRERO DE 2016

AFROLATINOS: UNA IDENTIDAD PROFUNDAMENTE ARRAIGADA ENTRE LOS HISPANOS ESTADOUNIDENSES

Cómo declaran su raza los afrolatinos

Cómo declaran su raza los afrolatinos

Blanca	39%
Hispana	24
Negra	18
Mixta (dos razas o más)	9
Indígeno-americana	4

Nota. Las razas se basan en cualquier mención de hispana, blanca, negra, asiática e indígena americana como respuestas de raza única o múltiples razas y no son mutuamente exclusivas. "Raza mixta" incluye a quienes dijeron voluntariamente que eran de "raza mixta" o dieron dos respuestas (incluyendo "alguna otra raza" sin especificar ni decir voluntariamente "hispana" o "latina" o identificar su raza como originariamente hispana). Otras razas o las respuestas "no sabe/no contesta" no se muestran. Fuente: Censo nacional de latinos, realizado entre el 11 de septiembre y el 9 de octubre de 2014. (N = 1.520 adultos hispanos)

CENTRO DE INVESTIGACIÓN PEW

---

como negras, muchos latinxs no se ven a sí mismos ni en la blan- •
quitud ni en la negritud estadounidenses porque tienen culturas
con historias específicas y figuras históricas que no están incluidas
en la narrativa estadounidense.

Le dije que tuve una conversación con un hombre puertorriqueño
que encontré divertida porque yo decía todo el tiempo que como
"gente de color" tenemos que organizarnos respecto a asuntos como
el programa DACA, las cuestiones fronterizas y las propuestas de
nuevas políticas de inmigración, y él seguía diciendo que como
"hombre blanco" se siente impotente bajo la actual administración.

Paradójicamente, "gente de color" proviene del término "mujeres
de color", que las activistas negras usaron como un término de solidaridad con otras mujeres no blancas hasta que finalmente repre-
sentó a cualquiera que no se identificara como blanco. Pero la gente
de color para él significa negro, señala ella.

Para mí, gente de color significa "no estructuralmente blanco", en
el sentido de no formar parte del poder estructural a través de instituciones que quieren que otros mueran o se vean privados de sus
derechos o sean deportados o invisibilizados frente a las vidas de los
blancos a través de la supresión de votantes o la desfinanciación le-
gislativa pasiva o agresiva y la criminalización de ciertos segmentos
de la población basada tanto en la raza como en la etnia. Pero si,
por ejemplo, como dijo Jiménez Román, el 75,8% de los puertorriqueños en Puerto Rico se ven a sí mismos como blancos y como
parte del grupo general de personas blancas, incluso cuando otros
no los ven de esa manera, puedo entender nuestro intríngulis.

Mi nueva amiga, la artista, me pregunta: ¿Sabías que el Museo
Smithsonian, hasta su exhibición *Our America: The Latino Presence
in American Art* [Nuestra América: La presencia latina en el arte
estadounidense] en 2013, nunca había realizado una exposición
importante centrada en el trabajo de los latinos? No, no lo sabía.

Chris Rock

No hay un solo hombre blanco en esta habitación que cambiaría de lugar conmigo, ninguno de ustedes, ninguno de ustedes cambiaría de lugar conmigo y soy rico.

¿Qué sabes de José Martí? Muy poco. Es un poeta.

Es más que un poeta. Que es poeta es lo único que todo el mundo sabe. OK.

¿Has leído *Harvest of Empire: A History of Latinos in America*? No.

Entonces, aunque entiendo que los estereotipos estadounidenses de las personas latinas como jardineros y niñeras son intencionalmente denigrantes, también necesito entender que nuestra imaginación cultural nacional, compuesta por celebridades y políticos (Sonia Sotomayor, Ted Cruz, Marco Rubio, J.Lo, y todos los artistas, escritores, periodistas y otras figuras públicas del mainstream), no es una representación adecuada de la población latina en todos los niveles de la sociedad estadounidense y con raíces en países de América y el Caribe.

A veces en nuestra conversación me olvido de decir latinx y uso el término latino o hispano cuando quiero referirme a personas de las Américas o a cubanos como Cruz y Rubio, que se han referido a sí mismos como hispanos. Esto hace que nuestra conversación se detenga. Hispano es un término racista, me dice la artista. Se remite a España e inserta un linaje jerárquico europeo. Recuerdo las conversaciones de las cenas en las que los judíos se distancian acaloradamente de aquellos que se aferran a la etiqueta de judíos alemanes. De acuerdo, digo, según tengo entendido, es importante cómo llamas a las personas, ya que latinx es una identidad étnica, no racial.

Siento remordimientos por mi aparente enfoque monolítico sobre las relaciones entre negros y blancos en Estados Unidos, aunque creo que el racismo contra los negros es fundamental para todos nuestros problemas, independientemente de nuestra etnia. Es esta desconexión lo que me mantiene diciendo cosas equivocadas. Pero todavía tengo preguntas y la forma de obtener respuestas es soportar las correcciones de mi interlocutora. Reduzco la velocidad para no cometer los mismos errores. Si voy a hacer las cosas mal, quiero que sean errores distintos a los de antes. Una parte de mí se pregunta si

Louis C.K.

Soy un chico afortunado. Tengo muchas cosas a mi favor. Estoy sano. Soy relativamente joven. Soy blanco, algo que... gracias, dios, por esa mierda. Eso es una gran ventaja. ¿Estás bromeando? Dios, me encanta ser blanco. De verdad me gusta. En serio, si no eres blanco, te lo estás perdiendo, porque esta mierda es absolutamente buena. Permítanme ser claro, por cierto, no estoy diciendo que la gente blanca sea mejor, estoy diciendo que ser blanco es claramente mejor. ¿Quién podría siquiera discutirlo? Si fuera una opción, volvería a elegirla todos los años. Oh, sí, deme otra vez el blanco. Lo he estado disfrutando. Me quedaré con el blanco, gracias.

James Patrick Connolly

En el año 2050, la gente blanca ya no será la mayoría en Estados Unidos; en Los Ángeles eso es tan 2005.

Pero crecí en un ambiente de diversidad. Quiero decir, en realidad yo mismo soy medio mexicano. Bien, buena idea, tómate tu tiempo, mírame todo el tiempo que necesites. Lo sé, nada en mi aspecto dice a gritos que soy latino...

Hay una razón por la que no subo aquí y bromeo sobre ser blanco. Y estoy muy convencido de esto, porque creo que la gente blanca ya ha sufrido bastante en este país. Solíamos ganar torneos de golf y carreras de cien yardas. Hubo un tiempo en que un niño blanco pensó que cuando fuera grande podría ser presidente de Estados Unidos algún día.

lxs latinxs en el poder que se identifican como blancos (¿es esto un oxímoron?) no están en connivencia con el establishment blanco para distanciar a los estadounidenses de las particularidades de las etnias de varixs latinxs. ¿Estoy a la defensiva o es una pregunta justa? ¿Son realmente posibles las alianzas interseccionales con un segmento de la población que a menudo es multirracial y que se asimila rápidamente a través del matrimonio interracial? Recuerdo mi propia sorpresa cuando me enteré que el infame Louis C.K. era de ascendencia judía irlandesa, mexicana y húngara. Mientras exponía algunas cosas, parecía reticente a exponer otras. Su identidad multirracial no es una sección recurrente de su rutina, a diferencia del comediante James Patrick Connolly, quien también es en parte mexicano.

Me pregunto si mi nueva amiga ve el desarrollo de nuestra amistad como una carga, dado que, para llegar a conocerla realmente, tiene que darme las herramientas para poder hacerlo. ¿Cómo puedo dar cuenta de mi propia ignorancia?

Por un lado, tengo un amigo que, como afro-pesimista, sostiene que lxs latinxs y los asiáticos son los "socios menores" en una administración nacionalista blanca y, por el otro, sé que la verdadera solidaridad ha sido personalmente un descuido de mi parte dado que mi mirada se ha centrado en los muertos y en las personas negras que no pueden simplemente vivir, aunque esta existencia limitada y específica también es cierta para muchas personas latinas.

Sé estas cosas, pero son frases del tipo "si me invitara a un ahorcamiento público, estaría en la primera fila", tal como declaró la senadora estadounidense Cindy Hyde-Smith de Mississippi mientras hacía campaña en una segunda vuelta contra su competidor demócrata y afroamericano Mike Espy; o la frase de Laura Ingraham "cállate y driblea" dirigida a LeBron James, y, y, y todo eso me viene a la mente mientras trato de encontrarme con esta amiga en el lugar en el que ella está. Tal vez debería estar pensando en el ICE (Servicio de Control e Inmigración de Aduanas), o en las amenazas de derogar el programa DACA, o en los campos de concentración que

RULING GIVES MEXICAN CHILDREN EQUAL RIGHTS

Segregation of Mexican schoolchildren from others in four Santa Ana school districts yesterday was held by U.S. Judge Paul J. McCormick to be a violation of their guarantees of equal rights under the 14th Amendment of the Constitution. The opinion was written in tion of the State. He held that inasmuch as violations of the 14th Amendment were indicated, the Federal court had a right to intervene.

"The evidence clearly shows," the opinion states, "that Spanish-speaking children are retarded in learning English by lack of exposure to its use because

Edición matutina, miércoles 20 de febrero de 1946

"Fallo les otorga a los niños mexicanos igualdad de derechos".

Nueva York, martes 18 de mayo de 1954

"La Corte Suprema prohíbe la segregación en escuelas; la decisión de 9 a 0 otorga tiempo para adaptarse a la norma".

254

se hacen pasar por centros de detención, o en los comentarios sobre "países de mierda", o en momentos históricos como los linchamientos de mexicanos por turbas supremacistas blancas en California, o en las constantes humillaciones y el intenso daño psíquico que hizo que alguien como Sammy Sosa se aclarara la piel: "Es una crema blanqueadora que me aplico antes de acostarme y [me] blanquea un poco la piel". Es difícil separar sus palabras del profundo odio de nuestra cultura hacia la negritud.

¿Siento honestamente el mismo nivel de disgusto hacia lxs latinxs que hacia los blancos dado que todas las personas de color viven bajo el sometimiento de la supremacía blanca y el poder legislativo permanece predominantemente en manos de los blancos? Obviamente no, pero...

Escucho exasperación y paciencia al mismo tiempo en la voz de mi nueva amiga mientras digo todo esto. Me recuerda que nadie dijo mucho cuando el presidente llamó a los mexicanos violadores. Le digo que difiero en lo que respecta a las conversaciones privadas, pero que tiene razón en cuanto a las manifestaciones públicas. Después me recuerda la creciente población de comunidades latinas en Estados Unidos, afirmación respaldada por Antonio Flores. Su informe de Pew, "How the U.S. Hispanic Population is Changing" [Cómo está cambiando la población hispana de Estados Unidos] afirma que "la población latina en Estados Unidos ha llegado a casi 58 millones en 2016 y ha sido el principal impulsor del crecimiento demográfico del país, representando la mitad del crecimiento de la población nacional desde el año 2000 (...) En 2016, los hispanos representaban el 18% de la población del país y eran el segundo grupo racial o étnico más grande después de los blancos (...) También son el segundo grupo racial o étnico de más rápido crecimiento en la nación, con una tasa de crecimiento del 2,0% entre 2015 y 2016 en comparación con una tasa del 3,0% para los asiáticos".

Además, el eslogan de la campaña presidencial de 2008 de Obama ¡Sí, podemos! tiene sus raíces en ¡Sí Se Puede!, el lema creado por Unión de Campesinos, fundada por César Chávez, Dolores

SÍ SE PUEDE!

Notas y fuentes Elizabeth Martínez, en conversación con Angela Y. Davis, "Coalition Building among People of Color" [Construcción de coaliciones entre personas de color], Centro de Estudios Culturales de la Universidad de California de Santa Cruz: "Hay varias formas de trabajar juntos. Una coalición es una, una red es otra, una alianza es otra más. Y no son lo mismo; algunas de estas formas son a corto plazo y otras a largo plazo. No es lo mismo una red que una coalición. Una red es algo más permanente y continuo. Creo que hay que mirar cuáles son las demandas y preguntar: ¿Qué tipo de unión necesitamos para cumplir con estas demandas? Y si saben que la administración seleccionará a sus grupos uno por uno, entonces el paraguas más grande que puedan obtener probablemente sea el mejor. Algunas de las respuestas a tu pregunta son tácticas y dependen de las circunstancias. Pero la idea general es que no debe prevalecer la competencia de jerarquías. ¡No a las 'Olimpiadas de la Opresión'!".

YES WE CAN!

Huerta, Gilbert Padilla, Larry Itliong y Philip Vera Cruz, un hecho que Obama sin duda tuvo en cuenta y un bloque de votantes del que seguramente dependió en sus estrategias de campaña interseccionales.

Sin embargo, lo que la artista y yo queremos, estemos de acuerdo o no, tiene poco que ver con nosotras como personas individuales y todo que ver con nuestros anhelos respecto a nuestras posibilidades de vida.

Le envío lo que he escrito a otra amiga que es multirracial. Me pregunta si he leído *Brazilian Is Not a Race* [Brasileño no es una raza] de Wendy Treviño. Sí, digo, mientras cito algunas líneas: "Somos quienes somos / Para ellos, incluso cuando no sabemos quiénes somos / el uno para el otro y la cultura es un / registro de que nos dimos cuenta de eso". Esta otra amiga, una musulmana mexicana y persa, no se ve mucho a sí misma en la conversación que he tenido con la artista. Ella dice:

Entonces, después de leer tu conversación con esta artista, me encuentro pensando en mi propia posicionalidad como una mujer de color que no es negra y que estudia la cultura negra. También estoy pensando en las conversaciones que he tenido con otros estudiantes graduados de mi departamento. Algunas de estas personas son blancas, algunas son negras y algunas son interraciales como yo. Estas conversaciones pueden ser tan tensas incluso en las comunidades académicas cuando se habla de lo que también nos pasa (¿quiénes somos?, ¿qué somos?), sin quedar atrapados en lo que entendemos por "olimpiadas de opresión".

Pienso en las muchas conversaciones que he tenido con un amigo que como yo es un musulmán de color que no es negro y que estudia historia negra, y nuestras propias experiencias con los prejuicios y el racismo. ¿Cómo encajan esas experiencias en el trabajo que hacemos? De una manera muy profunda, esas experiencias nos han llevado a nuestro trabajo. Hay una obligación que sentimos hacia ese trabajo que es sobre los fundamentos de este país en el que estamos.

Una cosa de la que hemos hablado es la cantidad de veces que la islamofobia nos ha tomado tan desprevenidos, incluso entre aquellos en nuestro campo, que son negros y de otras razas. A veces, esto sucede cuando las personas no se dan cuenta exactamente de quiénes somos y siempre se sienten un poco decepcionadas. No sé qué hacer con este sentimiento, o cómo hablar de lo que siento abiertamente sin sonar como si estuviera jugando a las olimpiadas de opresión. Me angustio porque eso no es lo que quiero hacer, y no siempre sé hasta qué punto debería esperar una reciprocidad de comprensión. O: hasta qué punto debería ser tan paciente como intento serlo.

Creo que, en cierta medida, nuestra americanidad nos permite pensar en estas cosas como si fueran abstracciones. Para la gente de otros países, al fin y al cabo, ser ciudadano estadounidense significa un privilegio inmenso.

Cuando me despierto en medio de la noche, me siento en mi escritorio y recuerdo la frase de mi amiga "reciprocidad de comprensión". ¿Es eso lo que buscamos? ¿Son las conversaciones vías para el intercambio de entendimientos? Cuando estoy sola en la oscuridad, lo que está en juego parece menor y quizás más alcanzable que decir algo como "empatía enredada", concepto que defiende una filósofa amiga mía. Para ella, la empatía enredada no es un sentimiento sino una perspectiva en la que te reconoces dentro de un complicado conjunto de relaciones. Pero ¿qué sucede cuando "actúa con reciprocidad" es una orden? Yo lo he entendido, por lo tanto tú debes entenderlo. La actitud defensiva que esa actitud presenta es humana, pero ¿hay un momento o una frase después de cualquier reacción de vulnerabilidad que nos dé tiempo para realinearnos? Quizás nuestro trabajo social se convierta en nuestro intento de relacionarnos. Las conversaciones podrían redefinirse en ese sentido.

¿Qué significa querer que algo cambie y luego sentirse intimidado por ese cambio? ¿Entender es cambiar? No estoy segura.

El dramaturgo y poeta Samuel Beckett dijo una vez que escribir •
Esperando a Godot fue una manera de encontrar "una forma que
albergue el desorden". ¿Son hospedajes las conversaciones?

Quizás las palabras sean como habitaciones; tienen que dejar espacio para las personas.
Amigo, estoy aquí. Estamos aquí.

Tú estás aquí. Ella está aquí. Ellos están aquí. Él está aquí. Nosotros
también vivimos aquí. Él también come aquí. Ella también camina
aquí. Él también espera aquí. Ellos también compran aquí. ¡Amigo!
Vamos. Vamos.

los muchachos serán siempre muchachos

Texto *Ambos son blancos y la mujer parece salida de un anuncio de Ralph Lauren: cabello rubio teñido, mocasines Gucci, pantalones capri, un conjunto de suéter y saco combinados. La ropa está destinada a señalar la carrera de clase ascendente. Hemos visto versiones de esta mujer muchas veces antes, incluso cuando lo "atemporal" parece anticuado. El hombre mide más de un metro ochenta y está bien arreglado con pantalones color caqui...*

Notas y fuentes Tom Reichert y Tray LaCaze analizaron 237 anuncios de Ralph Lauren en la revista *GQ* desde enero de 1980 hasta diciembre de 2000, codificándolos como "club de campo" si mostraban "escenas y modelos que exhibían una asociación con la riqueza, el poder de influencia y el lujo con modelos vestidos de forma pulcra y elegante participando u observando polo, navegación a vela, actividades ecuestres y eventos formales". Existe amplia evidencia de que la política de clase de Ralph Lauren fue fundamental para la marca en su concepción (véase también *Ralph Lauren*, una historia del tamaño de un libro en las propias palabras de Lauren). Los anuncios clásicos que hablan del papel de Ralph Lauren en la configuración de la imagen del estilo de la clase alta en Estados Unidos incluyen los anuncios de un renacimiento de los nuevos ricos en los Hamptons en la década de 1980, y una campaña publicitaria para el perfume "Safari" ambientado en lo que un autor llama escenificaciones vagamente imperiales.

Del artículo de 1987 de *The New York Times* de G. Bruce Boyer, "Khaki": "Fuera de la India, las primeras tropas en adoptar oficialmente el caqui (de la palabra hindi *khak*, que significa 'color polvo') fueron las del Regimiento de Infantería número 74 escocés, que usaron túnicas de color caqui con sus pantalones de tartán durante la guerra de Kaffir en Sudáfrica (1851-1853) (...) El caqui también debe sus usos civiles a los soldados: después de la Segunda Guerra Mundial, los veteranos que regresaban a la universidad llevaban sus caquis al campus (...) Combinado con mocasines, una camisa estilo oxford y un suéter de cuello redondo, los caquis lograron un cierto estilo (...) Con el advenimiento de los estilos de la Ivy League de la década de 1950, el caqui era un color estándar para todo, desde camisas de vestir y corbatas hasta correas de reloj, zapatos de cuero de ante y cinturones de ojal".

El agente de la puerta anuncia que estamos listos para embarcar. Un hombre mira a su alrededor. Llega una mujer corriendo. Se pone en fila detrás del hombre que la estaba buscando. Él parece verla solo a ella cuando le pregunta bruscamente: "¿Eres estúpida?".

La palabra "estúpida" ejerce un abuso retórico que atrae todas las miradas cercanas hacia la pareja. Entre ellos, la palabra se absorbe sin siquiera una mirada. Ambos son blancos y la mujer parece salida de un anuncio de Ralph Lauren: cabello rubio teñido, mocasines Gucci, pantalones capri, un conjunto de suéter y saco combinados. La ropa está destinada a señalar la carrera de clase ascendente. Hemos visto versiones de esta mujer muchas veces antes, incluso cuando lo "atemporal" parece anticuado. El hombre mide más de un metro ochenta y está bien arreglado con pantalones color caqui, prenda que originalmente estaba asociada con los suburbios blancos de clase media de la década de 1950. Se le puede interpretar como de clase media a alta, pero ¿quién sabe?

La falta de respuesta de la mujer a la pregunta del hombre podría ser una forma de protección para ella o incluso para el hombre. Tal vez ella no quiera llamar la atención sobre un momento desafortunado aunque común entre ellos. Tal vez la pregunta parezca una infracción menor comparada con todo lo demás que no sabemos. Quizás ella esté de acuerdo con su evaluación de su comportamiento. Es una incógnita.

Detrás de esta pareja hay otra mujer blanca. Ella mira al hombre de una forma que llama la atención de él. Los que estamos mirando lo vemos responderle. Le dice algo inaudible. Ella, como la compañera del hombre, no contesta.

Sigo cuestionando lo que escuché mientras me acomodo en mi asiento. Lo que pasaba me llamó la atención y miré a la pareja solo después de escuchar el tono de voz del hombre. Extrañamente, estoy buscando palabras que rimen con estúpida. Pútrida. Perdida. Podrida. Excluida. En ese momento pasa la mujer de ojos expresivos. Le pregunto si el hombre realmente dijo: "¿Eres estúpida?".

Texto *He visto a la gente blanca reducir a la gente negra no a una sola persona negra, sino a una sola persona negra imaginaria.*

Notas y fuentes En 1996, Hillary Clinton utilizó el término "superpredador" en un discurso. Un año antes, el académico John J. Dilulio escribió un artículo ("despotricar" puede ser una frase más precisa para describir este texto) utilizando el término en el *Weekly Standard*. En esta nota, predecía, igual que otros comentaristas, un aumento masivo de la delincuencia juvenil (curiosamente, en su texto, Dilulio cuenta también que fue a la Casa Blanca y habló con el presidente Clinton). Dilulio desarrolló la idea del superpredador y la transformó en una teoría en el libro *Body Count: Moral Poverty—and How to Win America´s War against Crime and Drugs* [Número de víctimas: La pobreza moral y cómo ganar la guerra estadounidense contra el delito y las drogas]. Poco después de estos eventos, las leyes de condenas penales por delitos juveniles se volvieron mucho más severas en todo el país. Según el *New York Times*, el concepto de superpredador "energizó un movimiento, ya que varios estados, uno tras otro, promulgaron leyes que permiten juzgar a niños de 13 o 14 años como adultos (...). Muchos cientos de menores fueron enviados a prisión de por vida". Para un análisis más reciente de este tipo de lógica, véase el artículo de Alex Vitale en el *New York Times*, "The New 'Superpredator' Myth" [El nuevo mito del 'superpredador']. Véase también la audiencia del Congreso a mediados de los años noventa en la que Dilulio testifica sobre el sistema penitenciario ante, entre otros, el senador Biden.

Texto *Todo esto no importaría si este mismo tipo de personas blancas no estuvieran calificando exámenes, financiando escuelas, otorgando préstamos bancarios (...)*

Notas y fuentes La mayoría de los profesores estadounidenses son blancos. Según los datos del Centro Nacional de Estadísticas Educativas para 2015-2016, el 81% de los maestros de escuelas públicas y el 71% de los maestros de escuelas públicas autónomas son blancos en los niveles primario y secundario. En el nivel postsecundario, los datos gubernamentales disponibles más recientes son que el 76% de los profesores de tiempo completo cuya raza se conoce son blancos. Sobre la financiación de las escuelas, véase el trabajo de Nikole Hannah Jones, incluidos los artículos "Segregation Now" [La segregación hoy] para ProPublica, "The Resegregation of Jefferson County" [La resegregación del condado de Jefferson] para el *New York Times* y "The Problem We All Live With" [El problema con el que todos vivimos] en *This American Life*. Sobre la concesión de préstamos bancarios: según los datos de 2018 de la Oficina de estadísticas laborales, los

Oh, sí, lo hizo, responde ella antes de continuar. Todos nos dirigimos al suroeste. Las audiencias de confirmación de Brett Kavanaugh dominan la conversación y la psiquis nacional.

Normalmente, nunca diría que un hombre blanco en particular representa a los hombres blancos, mis razonamientos son un poco más complejos. He visto a la gente blanca reducir a la gente negra • no a una sola persona negra, sino a una sola persona negra imaginaria, a un animal imaginado, a una cosa imaginada, a una ignorancia imaginada, a una depravación imaginada, a una criminalidad imaginada, a un agresor imaginado, a un superdepredador, a una puta imaginada, a una reina de la pobreza imaginada, a una fabricante de bebés imaginada, a un ser inferior imaginado que necesita todo lo que les pertenece a los blancos, incluidos el aire y el agua, mientras roba todo lo que les pertenece a los blancos, incluidos el aire y el agua, y así sucesivamente hasta llegar a un nadie imaginado. Todo esto no importaría si este mismo tipo de personas blan- • cas no estuvieran calificando exámenes, financiando escuelas, otorgando préstamos bancarios, vendiendo propiedades, haciendo leyes, reprimiendo votantes, determinando sentencias, evaluando el dolor, dando clases, creando y perpetuando narrativas centrales, contratando, despidiendo, degradando, matando a mi yo imaginado.

La blanquitud institucional ha estereotipado la negritud y ha utilizado esa imagen particular para asesinar. Dado ese proceso, si lo que se busca es un cambio sistémico, "las herramientas del amo nunca desmantelarán la casa del amo", como la poeta Audre Lorde se tomó el tiempo de decirnos. En consecuencia, estoy atenta para que este hombre blanco no represente a todos los hombres blancos. Estoy tratando de mantenerlo como alguien singular con quien no me he encontrado en esta iteración de mis no espacios en mucho tiempo. Si no fuera por nuestro presidente, el juez de la Corte Suprema Kavanaugh y el movimiento #MeToo, no tendría cuidado, ni siquiera asociativamente, de relacionar ese lenguaje abusivo con patrones demostrados por los representantes del poder institucional; pero ahora sí es el momento de hacerlo.

asesores de créditos y los oficiales de préstamos son en un 85,5% blancos. Sobre la contratación, el despido y la degradación laboral: un estudio de 2006 del Instituto de investigación sobre trabajo y empleo encontró que tener un gerente blanco en lugar de uno negro disminuía la posibilidad de que un empleado negro fuera ascendido y aumentaba las posibilidades de que fuera despedido: "Este estudio analiza datos de panel de un gran empresa minorista nacional con cientos de tiendas ubicadas en todo Estados Unidos. El conjunto de datos contiene los registros de personal diarios de la empresa sobre más de 1500 gerentes de tienda y más de 100.000 empleados durante un período de 30 meses desde 1996 hasta 1998". Sobre el asesinato: ejemplos recientes de personas blancas que han matado a personas negras y han descrito a sus víctimas en términos no humanos incluyen a Darren Wilson, quien dijo, refiriéndose a Michael Brown: "Cuando lo agarré, la única forma en que puedo describirlo es que me sentí como un niño de cinco años sosteniendo a Hulk Hogan (...) Y luego, después de hacer eso, me miró y su cara era extremadamente agresiva. La única forma en que puedo describirlo es que parecía un demonio, así de enojado se veía".

¿Eres estúpida? No es una pregunta que esté acostumbrada a escuchar de personas adultas dirigiéndose a otras personas adultas, al menos no en los espacios en los que habito. A todos nosotros, parados alrededor de este hombre, se nos pidió que aceptáramos y normalizáramos el abuso que este hombre blanco en particular estaba lanzando hacia esta mujer blanca en particular. Durante el vuelo de cuatro horas, a pesar de mis mejores esfuerzos, mi mente alterna entre Kavanaugh y el hombre. Pienso en sinónimos de la palabra estúpida, como la palabra idiota.

El término griego *idiōtēs* significa "persona privada, profana, persona ignorante", de *idios*, que significa "propio, privado". Creo que tal vez la pareja sintió que su interacción era privada, aunque estaban en público. En cierto nivel, esto parece cierto para todas las conversaciones en espacios públicos.

Por el sistema de intercomunicación, una asistente de vuelo pregunta si hay un médico en el avión. Alguien se ha descompuesto en un asiento en la parte trasera. Un médico pasa corriendo con una máscara de oxígeno y una correa de presión arterial. Pase lo que pase, todo sucede detrás de mí. Observo el rostro de la asistente de vuelo para controlar su preocupación. Continúa ofreciendo bebidas y bromeando con los pasajeros. Desde su perspectiva, lo que sea que esté sucediendo no es terrible. Ella puede aceptarlo sin modificar su rutina.

Cuando aterrizamos en Phoenix, se nos pide que permanezcamos sentados hasta que el pasajero que se enfermó abandone el avión. Los técnicos de emergencias médicas abordan y salen casi de inmediato con la mujer blanca que miró al hombre. Ella sale por la puerta abierta, pero antes se detiene y me dice: "Esto es vergonzoso". "Cuídate", le digo, aunque no puedo evitar preguntarme si ella está bien. Quiero saber qué es lo que el hombre blanco le dijo. Al verla salir, me pregunto si su encuentro con él tendrá algo que ver con su malestar. Algo se volvió insoportable. ¿Significa algo la coincidencia? ¿Cómo le respondió él? Nunca lo sabré.

Apenas bajo del avión, llamo por teléfono a una amiga blanca que estaba en el Capitolio apoyando a Christine Blasey Ford, la mujer que acusó a Kavanaugh de comportamiento abusivo, la mujer que dijo en su testimonio: "Indeleble en el hipocampo es la risa. La risa estruendosa… a costa mío". ¿Por qué ese detalle vuelve a mí? No sé. Algo parece perdido… algo con un corazón palpitante.

Te creemos.

Texto *Por no decir: ¿los muchachos de quiénes son los que siempre serán muchachos?*

Notas y fuentes La GAO (Oficina de responsabilidad del Gobierno de Estados Unidos) publicó *Discipline Disparities for Black Students, Boys, and Students with Disabilities* [Disparidades de disciplina entre los estudiantes negros, los varones y los estudiantes con discapacidades] en 2018. Según el análisis de la GAO, en el año escolar 2013-2014, "los estudiantes negros representaron el 15,5% de todos los estudiantes de escuelas públicas, pero fueron alrededor del 39% de los estudiantes suspendidos de la escuela". La organización Sentencing Project informó que "en 2001, los niños negros tenían cuatro veces más probabilidades de ser encarcelados que los niños blancos". Pero en 2015, los niños negros tenían cinco veces más probabilidades de ser encarcelados que los niños blancos. Según un informe de la Asociación Nacional de Trabajadores Sociales, *The Color of Juvenile Transfer* [El color de los juicios a menores transferidos a un tribunal de adultos], "los jóvenes negros son aproximadamente el 14% de la población total de jóvenes, pero el 47,3% de los jóvenes que son transferidos a un tribunal de adultos por jueces de tribunales de menores que creen que los jóvenes no pueden beneficiarse de los servicios de su tribunal. Los jóvenes negros son el 53,1% de los jóvenes transferidos por delitos personales a pesar de que los jóvenes blancos y negros constituyen un porcentaje igual de jóvenes acusados de delitos personales, 40,1% y 40,5% respectivamente, en 2015". Un estudio de 2014 realizado por cinco psicólogos, *The Essence of Innocence: Consequences of Dehumanizing Black Children* [La esencia de la inocencia: Consecuencias de deshumanizar a los niños negros], encontró "evidencia convergente de que los niños negros son vistos como mayores y menos inocentes y que generan una concepción menos esencial de la infancia que sus pares blancos de la misma edad. Además, nuestros hallazgos demuestran que la asociación negro / simio provocó disparidades raciales reales en la violencia policial hacia los niños". Los casos individuales de alto perfil de niños acosados violentamente o arrestados sin causa incluyen a:

• Brennan Walker
• Tamir Rice
• Trayvon Martin
• Kalief Browder

Mi amiga responde a su celular directamente con la siguiente pregunta: ¿Estás bien? Yo sí estoy bien, le digo antes de contarle sobre la pareja y la mujer del avión. Le pregunto si las mujeres son menos tolerantes con el comportamiento abusivo de los hombres en nuestro clima político actual. Ella dice que muchas mujeres en la protesta llevaban camisetas con la inscripción "mujeres por Kavanaugh". A veces tenían carteles que pedían "Debido proceso" y "Protege a nuestros hijos". Ella me dice que en una entrevista televisada tras otra, las mujeres y las madres dicen: "Los muchachos serán siempre muchachos".

La forma en que sus hijos se han transformado en Kavanaugh desafía cierta lógica, pero da igual. ¿No tienen hijas?, pregunto. ¿Ellas no importan? Hago estas preguntas incluso cuando sé que lo que importa es la riqueza, el poder y el acceso que brinda la proximidad con la riqueza y el poder, ya sea real o aspiracional, en la oficina o en el altar. Por no decir: ¿los muchachos de quiénes son los que siempre serán muchachos? Empiezo a pensar si esto no será demasiado simple, incluso cuando sé, en cierto nivel, que la aparente simplicidad es lo que mantiene la dinámica del poder en su lugar y la blanquitud en el poder.

libertades cómplices

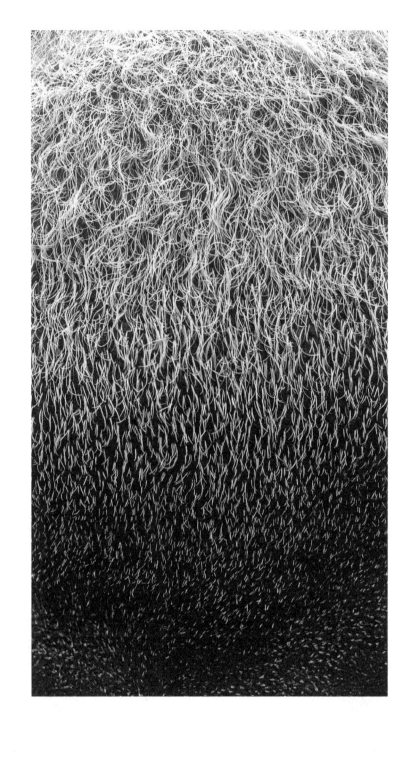

Lo que delató la formalidad de la cena fue darme cuenta de que cuando alguien hablaba en el otro extremo de la mesa larga, todos escuchaban la única conversación que involucraba al invitado. Esto significó que la lista completa de invitados escuchó cuando la mujer me consultó sobre qué decirles a sus estudiantes negras que se decoloran el cabello de rubio.

Era inusual en estos eventos académicos encontrarme en una mesa poblada por gente de color, pero ahí estaba yo en una cena formal que intentaba hacerse pasar por una cena íntima, rodeada de otras mujeres negras y de algunos hombres negros. Estas comidas suelen ser una oportunidad para que los profesores se vean y se pongan al día sobre sus alumnos, o sobre el terror en sus respectivos departamentos o sobre esos fragmentos de eventos y situaciones que solo dan cuenta de un día al azar. Pero a veces, estas cenas son una sesión de preguntas y respuestas camuflada e incluida en la comida.

La profesora no dio el nombre de su curso, pero me imaginé una habitación llena de rubias negras en una clase titulada Historia de los movimientos del Black Power, o De Angela Davis a Audre Lorde

Texto Traté de recordar lo que decía hooks y me vino a la mente la frase "come correct" [hazlo bien] aunque creo que era de otro ensayo.

Verificación Sí, la frase no aparece en «Straightening Our Hair» [Alisar nuestro cabello]

Notas y fuentes hooks usa la frase en su libro *Rock My Soul: Black People and Self-Esteem* [Estremece mi alma: Las personas negras y la autoestima]: "La responsabilidad propia significa que estamos dispuestos a 'hacerlo bien' y ser responsables de nuestras acciones, de lo que decimos y hacemos".

a Kimberlé Crenshaw: Políticas de resistencia, o Becky con el pelo bueno: Cultura de reclamo en el siglo XXI. La que hizo la pregunta estaba muy atenta y mostraba preocupación en su rostro, como si las elecciones de cuidado personal de sus alumnas fueran un reflejo de su propio ser, ser que está, no de forma casual, vinculado con su forma de enseñar.

Los ojos color almendra de la profesora esperaban una respuesta, y toda la sala esperaba con ella. Podría haber dicho que tenemos demasiadas expectativas el uno del otro, pero esa no es una respuesta. Podría haber esquivado la pregunta sugiriendo que bell hooks habló del asunto en "Straightening Our Hair" [Alisar nuestro cabello]. Traté de recordar lo que decía hooks y me vino a la mente la frase "come correct" [hazlo bien] aunque creo que era de otro ensayo.

En lugar de responder, me encontré identificándome con las chicas regañadas y adoptando una postura defensiva. Pregunté en un tono que sonaba más a una afirmación que a una pregunta, si el abandono de su color natural de cabello tenía la misma importancia que el salvaguardar su sentido de agencia y libertad. Mientras vengan a clase, da igual lo que sea que se escuche debajo de "Bueno, ¿no pueden ellos poseer todo en su 'vida de rubios'?", para citar a Frank Ocean. Le hice una pregunta a la profesora mientras hacía una afirmación. Y ella asintió con la cabeza como se hace cuando alguien menciona los derechos de la Primera Enmienda después de que un terrorista supremacista blanco quiere manifestarse en la calle principal de la ciudad. Algunas cosas deberían importar más, sin importar la ley, sin importar nuestras libertades individuales, sin importar… eso es lo que ella no dijo en voz alta, pero eso es lo que su asentimiento significó. Su silencio me dio ganas de volver a intentarlo y, en cualquier caso, estábamos todos juntos en esa habitación hasta que alguien cortésmente centró nuestra atención en el postre.

Texto (...) *cada momento de esa madre, esa tía, o Michelle Obama llevando el cabello excepcionalmente alisado hasta los hombros con productos capilares Madam C. J. Walker.*

Notas y fuentes Carina Spaulding, "From Brandy to Beyoncé: Celebrity and the Black Haircare Industry Since 1992" [De Brandy a Beyoncé: La celebridad y la industria del cuidado del cabello negro desde 1992], en *African American Culture and Society after Rodney King: Provocations and Protests, Progression and "Post-Racialism"* [Cultura y sociedad afroamericanas después de Rodney King: Provocaciones y protestas, progresismo y "posracialismo"]: "El crecimiento de los sitios web dedicados al cabello natural ha llevado a lo que se conoce como el '*movimiento del cabello natural*', lo que refleja a nivel retórico el tamaño de su creciente popularidad".

Texto *Nos habían dicho esto en todas nuestras décadas, aunque nadie hablaba especialmente con nosotras, es decir, por supuesto, con las mujeres negras, ya que "todas las mujeres son blancas...".*

Verificación: Sí, es una frase del título a continuación.

Notas y fuentes *All the Women Are White, All the Blacks Are Men, But Some of Us Are Brave: Black Women's Studies* [Todas las mujeres son blancas, todos los negros son hombres, pero algunas de nosotras somos valientes: Estudios de mujeres negras], editado por Akasha (Gloria T.) Hull, Patricia Bell Scott y Barbara Smith.

Quizás en algún lugar oculto y a pesar de todo (donde todo significa cada momento de esa madre, esa tía, o Michelle Obama llevando el cabello excepcionalmente alisado hasta los hombros con productos capilares Madam C. J. Walker) estaba la persistente creencia de que las rubias tienen más: más de algo. Nos habían dicho esto en todas nuestras décadas, aunque nadie hablaba especialmente con nosotras, es decir, por supuesto, con las mujeres negras, ya que "todas las mujeres son blancas…" aunque nosotras, las mujeres negras, somos parte del "nosotras" en las conversaciones de género que los medios tienen con las mujeres en los comerciales de televisión, películas y anuncios impresos que nos bombardean. El cabello rubio no tiene por qué significar humano, no tiene por qué significar femenino, no tiene por qué significar anglo o ángel; claramente, no significa pureza blanca, dado que un cambio en el color del cabello no hace que nadie negro, asiático o blanco, de hecho, se separe de su cuerpo. Aretha Franklin sigue siendo, después de todo, con cualquier color de cabello, la madre del soul.

Todo el dinero y el tiempo invertidos, además del posible daño al cabello natural propio, finalmente palidecen en comparación con lo que significa tomar lo que está disponible y poseerlo. Las libertades cómplices. ¿Es ese un concepto? Quizás el rubio de las estudiantes sea su audacia frente a la propaganda racista sobre los ideales de belleza. Entonces, las rubias negras están dentro de una de esas ecuaciones en las que, no importa lo que hagas a cada lado del signo igual, cada suma dará un solo resultado: este resultado, lo que quiero. Vete a la mierda, tú. Me voy a la mierda yo. Después. Haz lo que te guste. Libre de ser. Libre de tomar lo que sea. Libre de falsificar. Frívola. Valiente. Divertida. Graciosa. Buena como el infierno.

A menos, por supuesto, que sea un juego de suma cero, y en cualquier caso, la ecuación es igual a cero y seguimos estando aquí en estos Estados Unidos de América, todavía en la fila, todavía cómplices, por debajo de todas nuestras opciones, dentro de toda nuestra falsa soberanía.

Texto *Quiero desesperadamente que todos tengamos una especie de humor meta pers-*
pectivo en torno a todo aquello relacionado con nuestra lucha por escapar de lo que Fred
Moten denomina "la falsa pelea por nuestra humanidad" que ha durado cuatrocientos
años y no es lo mismo que luchar por nuestros derechos civiles.

Notas y fuentes Una fuente original sobre Jamestown –"No trajo nada más que
veinte negros extraños"– y un artículo del *Washington Post*. Para una crítica del
periodo que va de 1619 a 1864 como el paisaje temporal de la esclavitud en América del Norte y sus conceptualizaciones alternativas, véase *Lose Your Mother: A
Journey along the Atlantic Slave Route* [Perder a tu madre: Un viaje por la ruta es-
clavista del Atlántico] de Saidiya Hartman, y *In the Wake* [Dentro de las conse-
cuencias] de Christina Sharpe: "Las consecuencias como el marco conceptual de
la negritud y para vivir la negritud en la diáspora dentro las secuelas aún en desarrollo del comercio de esclavos en el Atlántico".

Entonces me vino una pregunta que también es una respuesta: ¿Qué diría Frantz Fanon?, le pregunté a la profesora. Ella se rio, lo que me gustó porque ahora parecía que se había olvidado de sostener su postura durante unos segundos. Puede ser un error mío el querer que la gente pierda su falta de humor, pero quiero desesperadamente que todos tengamos una especie de humor meta perspectivo en torno a todo aquello relacionado con nuestra lucha por escapar de lo que Fred Moten denomina "la falsa pelea por nuestra humanidad" que ha durado cuatrocientos años y no es lo mismo que luchar por nuestros derechos civiles.

Siempre tengo la preocupación de que ya estemos muriendo – quiero decir, ya estamos muertos en el mundo social que persiste al lado de las vidas que vivimos– mientras nos involucramos incansablemente en relatos fantásticos dentro de una lucha sin fin por la justicia. ¿O será que las estudiantes se despojaron de la representación de la negritud excepcional, una representación que nunca nos salvará de las acciones de la blanquitud ordinaria, y decidieron la apropiación inversa con toda su artificialidad y performatividad?

Texto *Mencioné a Fanon, cuyos escritos psicoanalíticos abordan el racismo anti-negro internalizado, para sugerir que entendía que la preocupación de la profesora era que estas mujeres se estuvieran llenando ciegamente de odio a su propia piel negra y a su propio cabello natural.*

Verificación Sí: a continuación, citas de Fanon sobre belleza, blancura y racismo internalizado.

Notas y fuentes "Soy blanco; en otras palabras, encarno la belleza y la virtud, que nunca han sido negras. Soy del color del día", *Piel negra, máscaras blancas.*

"Toda esta blancura que me quema. Me senté junto al fuego y noté mi uniforme. Yo no lo había visto. De hecho, es feo. Me detengo ahí, porque ¿quién puede decirme qué es la belleza?", *Piel negra, máscaras blancas.*

"Soy un hombre blanco. Porque inconscientemente desconfío de lo negro que hay en mí, es decir, de todo mi ser. Soy un negro, pero por supuesto no lo sé, simplemente porque soy un negro", *Piel negra, máscaras blancas.*

Tal vez simplemente estemos en la última etapa del auto-juicio, estancados, siendo juzgados o juzgando, una etapa sin humor y que también me asusta. Me asusta más que las rubias teñidas y lo que se supone que significa el rubio, si se supone que significa algo más allá de la posibilidad de conocimiento, algo sobre la naturaleza salvaje del ser, y no simplemente un enmascaramiento del odio a uno mismo y la baja autoestima. La preocupación es que este color de cabello en particular les promete "el mundo" a estas mujeres, aunque no puede dárselo. ¿Las rubias negras creen que este color de pelo les permite ser vistas, quizás ser vistas por primera vez como humanas, jóvenes, hermosas, humanas —¿dije humanas?—, y lo que es más trágico, tener una mirada así sobre sí mismas por primera vez?

Mencioné a Fanon, cuyos escritos psicoanalíticos abordan el racismo anti-negro internalizado, para sugerir que entendía que la preocupación de la profesora era que estas mujeres se estuvieran llenando ciegamente de odio a su propia piel negra y a su propio cabello natural. Quería mostrarle la imagen de la artista visual Carrie Mae Weems en la que Weems mira el proverbial "espejito espejito" sobre la pared, aunque usa un espejo de mano. La profesora podría colgar la imagen en su sala de seminarios. La pieza se llama *I Looked and Looked and Failed to See What So Terrified You* [Miré y miré y no pude ver lo que tanto te aterrorizaba]. No le pregunté a la profesora si conocía la obra, aunque su título podría haber respondido a su pregunta. O la pregunta de Weems podría llevar a una discusión en el aula sobre la decoloración o la no decoloración del propio cabello. En última instancia, todo depende de lo que sucedió o está sucediendo detrás de la mirada atenta de la profesora y sus alumnos mientras asimilaban y metabolizaban las repeticiones en nuestra cultura.

La preocupación de la profesora —ahora estoy barajando hipótesis— era que la cultura dañara a sus estudiantes, a pesar de que nosotras, las mujeres negras cercanas a los cuarenta años, nos condujéramos de la forma más correcta con nuestro propio cabello natural. Por extensión, nosotras, las mujeres negras mayores,

estamos destrozadas, ya que las más jóvenes son nuestras hijas (no literalmente), y a pesar de nuestra retórica Black Is Beautiful, en lo profundo de nuestro falso sentido de la soberanía podría haber todavía una visión del feminismo negro limitado por la vigilancia blanca de la feminidad negra.

La profesora asintió de nuevo cuando le dije que creía que es importante que los estudiantes hagan lo que quieran hasta que comprendan por sí mismos lo que no quieren. Soy madre, pero también soy una hija con memoria. Alguien del otro lado de la mesa dijo que usaba zapatos con taco a pesar de que le dolían los pies. Está bien. Algunas de nosotras no los usamos, dijo otra mujer, y no puedo dejar de pensar que ahí hay una historia de fondo que nunca conoceré. ¿Tacos versus cirugía de nariz? ¿Son cosas diferentes? ¿Los tacones pertenecen a una vida que aspira a la feminidad o a la aculturación blanca? ¿Son las operaciones de nariz una forma de asimilación? El blanqueamiento de la piel es claro en términos de su destino hacia el blanqueamiento de la piel, pero ¿el rubio también lo es?

¿El rubio es como el zapato con tacos, la cirugía de nariz, el blanqueamiento de la piel o no es nada de eso? Esta cultura nos hizo, y por muy equivocados o en lo cierto que podamos estar, sabemos que alguien siempre está mirando. No llegué a decir Amén porque cuatro hombres llegaron con bandejas de pastel, el helado de vainilla ya se estaba derritiendo en el chocolate negro. Aunque la vida no siempre es tan dulce.

Seguía pensando en la profesora y su pregunta mientras esperaba a una amiga en una galería. Para pasar el tiempo, conté el número de mujeres a mi alrededor que eran rubias decoloradas: rubio natural; rubio blanco; platinado; rubio plateado; rubio manteca; rubio cremoso; rubio con raíces; mechas doradas; rubio lechoso; rubio arena; rubio canoso; rubio miel.

Cuando mi amiga llegó, le dije que había contado una docena de mujeres que se habían teñido el pelo de rubio. Recordó que su

Texto (…) *al "modelo de la belleza femenina"* (…)

Notas y fuentes Sobre la asociación entre el cabello rubio y la belleza, véase el capítulo "The Ideal Woman" [La mujer ideal] de Penny Howell Jolly y, en menor medida, "Hair Power" [El poder del cabello] en el libro *Hair: Untangling a Social History* [Cabello: Desenredar una historia social]. Véase el primer capítulo para un relato del ideal rubio a lo largo de la historia europea y estadounidense, comenzando en el período medieval: "Dos ideales relacionados con el cabello de las mujeres han tenido una longevidad notable en la sociedad occidental: debe ser largo y su color debe ser rubio (…) Los escritores del Renacimiento italiano también establecieron a la rubia como la mujer perfecta, su imparcialidad expresaba inocencia y pureza. Por supuesto, este era un ideal difícil de alcanzar para las mujeres italianas de cabello predominantemente oscuro. Incluso hoy, en nuestro país, con su mezcla étnica de gran alcance, no más del 17% de las mujeres son rubias naturales. Siguiendo el ejemplo de fuentes clásicas y medievales que favorecen el rubio, el poeta Petrarca en el siglo XIV expresó la preferencia por el cabello rubio que prevalece en gran parte de la tradición occidental moderna. Alabando a su amada Laura, escribe sobre 'esas trenzas de oro, que deberían hacer que el sol se vaya lleno de envidia'".

Texto (…) "beblonden" [vuelto rubio] era la palabra en inglés antiguo para "teñido".

Verificación Tal vez. Varias fuentes dicen que la etimología de "blond" [rubio] es incierta, pero algunas mencionan "beblonden" como una posible palabra de origen.

Notas y fuentes Hay dos fuentes principales de lexicografía en inglés antiguo: Bosworth-Toller y el *Dictionary of Old English* de la Universidad de Toronto, publicado más recientemente.

Según un intercambio de correo electrónico con un académico, "La palabra 'beblonden' (…) no parece ocurrir en nuestro Old English Corpus [corpus de inglés antiguo] (que contiene más de tres millones de palabras en inglés antiguo existentes). Con base en estas observaciones, parece que 'beblonden', a pesar de que está incluido en el Diccionario Bosworth-Toller, es una de las palabras fantasma sin evidencia sólida que demuestre su existencia".

Texto *La periodista Christina Cauterucci informó: "Solo el 2% de la población mundial y el 5% de la gente blanca en los Estados Unidos tienen cabello rubio, pero el 35% de las senadoras estadounidenses y el 48% de las directoras ejecutivas de las empresas listadas en el índice S&P 500 son rubias. Las directoras de universidades también tienen más probabilidades de ser rubias".*

Verificación Quizás: la cita es precisa, pero consúltese lo que sigue.

Notas y fuentes Berdahl: "El porcentaje de senadoras y directoras ejecutivas con cabello rubio puede haber cambiado desde que informamos esas estadísticas en 2016".

peluquera una vez le había dicho que muchas de sus clientas se volvían rubias para sus bodas. Después de que las fotos de la boda las encerraban en una belleza eternamente rubia, en blanco, coloreadas de rubio, para poseer y contemplar desde ese día en adelante, volvían a su color natural.

El cabello rubio se ha asociado con todo, desde la prostitución hasta el "modelo de la belleza femenina", pero desde el principio siempre •
fue excepcional, por lo que la palabra rubio significaba tanto el color natural como el acto de teñir el cabello. Según el diccionario anglosajón Bosworth-Toller, "beblonden" era la palabra en inglés antiguo para "teñido". Antes de que llegara la coloración del cabe- •
llo como la conocemos, la orina de caballo, el jugo de limón y el sol eran vías aceptadas hacia la ambición rubia.

Si el rubio equivale a la blanquitud parecía una pregunta obvia para la profesora. ¿Pero es así para los blancos? ¿Teñirse el cabello de rubio significa que uno está buscando algo, alguien, algún otro cuerpo en una fantasía de agradarle al blanco? Hay un tintineo molesto en la cabeza de todos que insiste en que las rubias se divierten más. Quizás el famoso jingle de Clairol quería decir que las rubias ganaban más. El color, según Clairol, agrega energía a tu cabello (no estoy segura de lo que eso significa) suavizando tus rasgos faciales y haciéndote lucir más joven. Su sitio web dice: "¡Habrá gente que se pregunte si realmente eres tú!". Añaden un signo de exclamación después de "realmente tú" porque sabemos que no eres realmente, realmente tú y el momento siempre necesitará la insistencia adicional de la exclamación, que en la vida real se expresa económicamente en retoques.

Definitivamente, las rubias tienen "más rubio", y esto debe significar algo, ya que, como informó la periodista Christina Cauterucci, "solo el 2% de la población mundial y el 5% de la gente •
blanca en Estados Unidos tienen cabello rubio, pero el 35% de las senadoras estadounidenses y el 48% de las directoras ejecutivas de las empresas listadas en el índice S&P 500 son rubias. Las directoras de universidades también tienen más probabilidades de ser

rubias". Cauterucci les da crédito a las investigadoras Jennifer Berdahl y Natalya Alonso, quienes informaron en la reunión anual de la Academia de Administración de 2016 que "la sobrerrepresentación del rubio puede explicarse por los prejuicios de raza y edad en las líneas de liderazgo". La periodista Emily Peck informa que Berdahl y Alonso también encontraron que los directores ejecutivos varones tienen más probabilidades de estar casados con rubias: "El 43% de los directores ejecutivos varones mejor pagados tienen una esposa rubia". Berdahl ahora lleva esa estadística al 40% de las esposas en las fotos que pudieron encontrar. La investigación de Berdahl y Alonso llevó a Berdahl a creer que debido a que el cabello rubio es "natural para los blancos y tiende a volverse castaño después de la infancia, razonamos que la preferencia por las mujeres rubias líderes es un fenómeno tanto racista como sexista. Las mujeres de apariencia blanca y de apariencia infantil parecen ser las preferidas como líderes, tal vez porque son menos amenazantes para el status quo del poder".

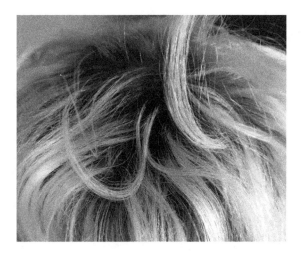

Las personas normales, que no se encuentran en el 1% más rico de la población, también se decoloran el cabello de rubio. Gente normal. Es una complicidad consciente o inconsciente con la idea de que la vida blanca es un estándar para la vida normal. ¿Esto hace

Texto *A pesar de tener el cabello naturalmente oscuro, poco después de que el público consumiera sus primeras películas, llegaría a personificar la belleza y el estereotipo misógino de la rubia de cabeza hueca.*

Notas y fuentes Sus dos biografías dicen que se tiñó el cabello en febrero de 1946. Su primera aparición en una película que encontré fue en 1947.

Lois Banner, *Marilyn*: "[Emmeline] Snively y los fotógrafos también querían que Norma Jeane se tiñera el cabello de rubio, porque pensaron que combinaría mejor con su piel pálida que su castaño natural. Pero quería mantener la naturalidad y le preocupaba el gasto que supondría alisarse y teñirse el pelo. En febrero de 1946, una compañía de champús que la consideraba para un anuncio le exigió que se tiñera el cabello de rubio y se lo alisara. Cuando el fotógrafo que filmaba el anuncio se ofreció a pagar por el proceso, Norma Jeane aceptó hacerlo".

que el alcance del rubio sea un alcance de la normalidad mientras todavía se desea lo extraordinario: la diversión extraordinaria, la belleza extraordinaria, el atractivo extraordinario? La princesa Diana, James Dean, Beyoncé son todos símbolos de ese "todo" extraordinario.

Cuando escribo "rubias" en un motor de búsqueda, el algoritmo presenta filas de mujeres blancas, y en la parte inferior de la pantalla está Marilyn Monroe con todo su rubio hollywoodense. A pesar de tener el cabello naturalmente oscuro, poco después de que el público consumiera sus primeras películas, llegaría a personificar la belleza y el estereotipo misógino de la rubia de cabeza hueca.

En la calle, delante de mí, una mujer lleva a una niña de la mano. Ninguna de las dos es rubia, pero la muñeca que la niña sostiene en su mano tiene el pelo largo y rubio. En la historia de la muñeca Barbie rubia, los historiadores han descubierto que después de la

Texto (...) *después de la Segunda Guerra Mundial, en Alemania Occidental, se vendieron en barberías y bares unas muñecas sexys llamadas "Bild Lilli" basadas en un personaje popular de historieta.*

Notas y fuentes Véase el ensayo de la historiadora de arte Carol Ockman, "Barbie Meets Bouguereau: Constructing an Ideal Body for the Late Twentieth Century" [Barbie y Bouguereau: Construyendo un cuerpo ideal para finales del siglo XX], en *The Barbie Chronicles: A Living Doll Turns Forty* [Las crónicas de Barbie: Una muñeca viviente cumple cuarenta años]: "En un viaje a Alemania, Handler supuestamente vio un muñeca llamada Bild Lilli, vendida principalmente en tabaquerías, que era como una especie de pin-up tridimensional. Bild Lilli estaba basada en un personaje de una tira cómica del periódico alemán *Bild Zeitung* y tenía una cola de caballo, pies moldeados en tacones altos y ropa para todas las ocasiones. La narración principal del cómic muestra a Lilli, con poca ropa, en situaciones en las que le está sacando dinero a un hombre. A diferencia de Barbie, Bild Lilli no fue hecha para niños sino para hombres, quienes la exhibían en el tablero de sus autos y, algo que es todavía más raro, se la regalaban a sus novias en lugar de flores o chocolates. Handler decidió reinventar esta caricatura pornográfica como la chica totalmente estadounidense".

The New York Times: "La inventora de Barbie, Ruth Handler, fundadora de Mattel, basó la figura de reloj de arena de la muñeca en Bild Lilli, una muñeca alemana que a su vez se basó en un personaje de historieta promiscuo y malhablado".

Segunda Guerra Mundial en Alemania Occidental, se vendieron en barberías y bares unas muñecas sexys llamadas "Bild Lilli" basadas en un personaje popular de historieta. Se dice que esas muñecas fueron la inspiración para la Barbie original. Mattel compró los derechos de reproducción de Lilli, pero no la narrativa de origen de los alemanes posnazis.

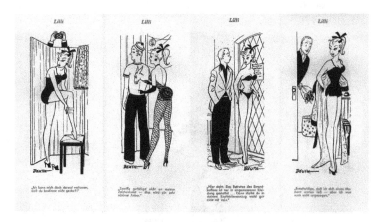

Mientras miro a mi alrededor, me pregunto si, para los rubios decolorados que son blancos, el rubio adicional blanquea su blanquitud, borra su origen étnico. En los siglos XIX y XX, los anglosajones blancos de Estados Unidos persiguieron a italianos e irlandeses, aparentemente por su religión, antes de que pudieran aducir blanquitud. Sus pasaportes los asociaban con la negritud, y para algunos, tal vez, su cabello oscuro confirmaba su condición de no blancos. Supongo que si todo lo que tuviera que hacer fuera blanquear mi cabello de rubio para evitar que los supremacistas blancos quieran quemar cruces en mi jardín, yo misma podría considerar el rubio. Ciertamente, el cuadragésimo quinto presidente y su familia comprenden la importancia del significante rubio en su campaña para hacer que Estados Unidos vuelva a ser grande.

Texto *Hillary Clinton, quien, como muchas en Capitol Hill, alguna vez tuvo el cabello oscuro, también se volvió rubia cuando ingresó en la vida pública.*

Verificación No, es decir, sí tuvo el cabello oscuro alguna vez, pero véase a continuación: parece que tenía el cabello castaño cuando fue primera dama de Arkansas.

Notas y fuentes Véase el video de *Frontline* de su época como primera dama de Arkansas, que describe cómo se tiñó el cabello bajo presión a la mitad de su rol como primera dama de Arkansas.
(Ver marca de tiempo 4:00).

Estoy leyendo un artículo en el consultorio del médico llamado "Political Peroxide Blonde Privilege" [El privilegio político del rubio oxigenado], de la autora Amy Larocca. Presenta filas de fotografías de mujeres blancas a la vista del público, en la política y en los medios, todas con cabello rubio sorprendentemente similar. El artículo podría llamarse "Nación oxigenada".

Hillary Clinton, quien, como muchas en Capitol Hill, alguna vez • tuvo el cabello oscuro, también se volvió rubia cuando ingresó en la vida pública. Un episodio de *Frontline* sugiere que se tiñó el cabello bajo presión. Aunque mantuvo el color, renunció al brillo que asociamos con él y permitió que su cabello gris natural creciera y se viera en público después de perder las elecciones de 2016.

¿La comediante y estrella de la televisión Ellen DeGeneres tenía que ser rubia para que su personaje queer fuera aceptable para la corriente homofóbica de Estados Unidos? Salir del closet se consideraba un riesgo, pero la concesión era el significante blanco del rubio. Su esposa también tenía que ser rubia. El Estados Unidos rural y suburbano tenía que entender que la única diferencia entre su comprensión de la humanidad y esta mujer que se metía en sus livings era su sexualidad, que solo se manifestaba en sus atuendos juveniles, no en su cuerpo blanco y rubio. El título de su programa

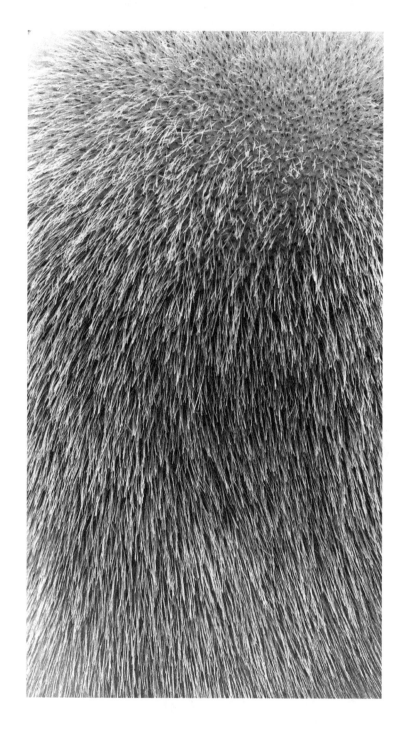

especial dedicado a la comedia, *Relatable* [Cercana], parece indicar la importancia de caerles bien a los demás.

La pregunta, para cualquier persona interesada en las motivaciones para volverse rubia, se convierte en una indagación sobre la vida aspiracional o sobre la pasividad de las libertades cómplices. O el rubio otorga acceso a algo que sentimos que no tenemos, o se siente como una elección al azar, y el hecho de que se alinee con lo que es valorado por la supremacía blanca es un subproducto desafortunado, pero no un factor decisivo. Otra forma de pensar sobre el rubio es que o nos estamos enviando a nosotros mismos a un lugar inalcanzable o no podemos evitar llegar allí para empezar.

Le pregunto a una cajera blanca detrás del mostrador, y ella dice que los hombres la tratan mejor ahora que se ha teñido de rubio. Después de una pausa, en la que podría estar pensando que la juzgaré por preocuparse por la mirada masculina o en la que solo está tratando de recordar sus encuentros, dice, las mujeres también son más amigables.

¿Es la cortesía lo que se persigue, la cortesía que se le debe a la pureza blanca?

Una mujer en un restaurante de Nueva York dice que de niña era rubia y muestra un video de ella en su teléfono celular. Se siente llamada por nuestra actual cultura del reclamo y necesita demostrar autenticidad, aunque mi pregunta existe sin juicio. Al menos eso creo. No me importa lo que le haga a su cabello. Me interesa solo porque quiero que ella me ilumine con respecto al rubio y el contexto que evoca. ¿Crea un sentido de pertenencia, por ejemplo? ¿Pertenencia a qué? es la siguiente pregunta obvia. Su cabello rubio, dice la mujer con nostalgia, desapareció con la llegada de la pubertad. En el video, sus hermanos tienen el pelo oscuro. Quizás su niñez rubia significó que la trataran de forma especial en su familia. Pero ¿por qué decolorarlo ahora? "¿Por qué?", repite como si yo fuera incapaz de comprender. "Esa es una pregunta extraña", agrega, sin responderme.

Estoy esperando a que me asignen mesa en otro restaurante poblado por muchas rubias con un mínimo indicio de que fueron morochas en las raíces, mujeres que un amigo llama costosas porque todo, desde las uñas hasta la musculatura y la elasticidad de su piel, ha sido atendido. Me acerco a una mujer que espera a su compañera. ¿Por qué cabello rubio?, le pregunto. Es amigable y no les teme a los extraños ni a su verdad. El cabello rubio me hace lucir más brillante y clara, dice. Me gusta vestir de blanco, agrega. Me sorprende su uso de la palabra "blanco" como algo que existe junto con el rubio. Ella es la primera en adelantar la palabra sin indicación alguna. ¿Está diciendo blanco solo por su cercanía semántica con claro, o se refiere al blanco como una distinción racial que se extiende desde su ropa y el color de su cabello hasta su piel? La camarera se acerca con la compañera de la mujer y nuestra conversación llega a su fin.

No mucho después, le pregunto a otra mujer blanca por qué se decolora el cabello. Explica más explícitamente cómo la lleva de vuelta a una idea de juventud. ¿También era rubia de niña? Realmente no. La suya es una nostalgia por una infancia rubia que nunca existió, pero que fue presentada una y otra vez en los medios como algo

Texto *Los ideales arios y sus significantes, como el rubio, se consideraban superiores y eran esenciales para las leyes raciales de Núremberg.*

Notas y fuentes Las leyes raciales de Núremberg en sí mismas no mencionan el fenotipo, sino que distinguen entre los que tienen sangre supuestamente alemana o afín y los "judíos". Sin embargo, es más que justo decir que esto fue acompañado por una campaña de propaganda y una práctica en el terreno que elevó las características "alemanas".

Para conocer la adopción del ideal rubio por la ciencia racial nazi, consúltese el capítulo "As Blond as Hitler" [Tan rubio como Hitler], en *The Evolution of Racism* [La evolución del racismo] de Pat Shipman. Shipman también cita un estudio que refutó la existencia de una mayoría de cabello rubio y ojos azules en Alemania: "La encuesta de Virchow, que mostró que la mayoría de los alemanes no eran rubios y de ojos azules, tuvo un impacto insignificante en esta convicción generalizada".

Potencialmente también de interés: el programa "Lebensborn", en el que hombres y mujeres con cualidades "arias" serían reclutados para multiplicar esas características. El artículo de Mark Landler, "Results of Secret Nazi Breeding Program: Ordinary Folks" [Resultados del programa secreto de crianza nazi: Gente común], en el *New York Times*: "Para ser aceptadas en el Lebensborn, las mujeres embarazadas debían tener las características raciales adecuadas (cabello rubio y ojos azules) que probaban que no tenían trastornos genéticos, y debían acreditar la identidad del padre, quien tenía que cumplir criterios similares. Tuvieron que jurar lealtad al nazismo y fueron adoctrinados con la ideología de Hitler mientras estuvieron en la residencia".

deseado. Dado que no muchas personas cambian el color de sus ojos de cualquier otro a azul, trato de pensar en algún otro significante de blancura que flote libremente como el cabello rubio. No me viene nada a la mente, aunque algunas personas creen que los indicios de una buena educación o de poseer una propiedad son significantes blancos legibles, así que quizás sea así de simple: el rubio es legible, apunta directamente a la blanquitud.

Otro día me encuentro con una mujer blanca que me dice que siente que decolorarse el cabello es una forma de disidencia. ¿Contra qué estás protestando?, pregunto. Mi propia normalidad, dice ella. Tiene tatuajes que no son aceptables en espacios profesionales, y sus cejas negras y su pelo rubio en degradé la hacen parecer provocadora. ¿Como los rockeros punk?, pregunto. ¿Como Blondie? Hay una especie de aclaramiento del cabello típica de los suburbios de la que no quiere ser parte en sus treinta. Lo entiendo. Me gusta su precisión, incluso cuando creo que está haciendo un mal uso de la disidencia.

La cuestión del aburrimiento de las morochas se menciona con frecuencia como motivo para decolorarse el cabello. Atreverse es volverse rubia. El cabello rubio como un mejoramiento ahora se considera común. Muchas mujeres lo tienen, y otros, tal vez los hombres, no se aburren. Esto plantea la pregunta: ¿son los ideales de la supremacía blanca aspiraciones ordinarias? Intento considerar la afirmación de que el cabello rubio es más atractivo y, por lo tanto, decolorar tu cabello es solo sentido común.

Los darwinistas sociales, utilizando equivalentes falsos, dirigieron el mundo con su adulación de los tipos arios. Los ideales arios y •
sus significantes, como el rubio, se consideraban superiores y eran esenciales para las leyes raciales de Núremberg. Pero ¿son esenciales para las mujeres blancas o para las mujeres negras? ¿O para la asiática que pasa a mi lado, con el pelotan rubio como el de la mujer blanca que cruza la calle delante de mí, las dos con raíces del color de la tierra?

ADVERTENCIAS DE SEGURIDAD Y ADVERTENCIAS DE USO

IMPORTANTE: LA TINTURA DE CABELLO PUEDE PROVOCAR UNA REACCIÓN ALÉRGICA QUE, EN CIERTOS CASOS RAROS, PUEDE SER GRAVE.

COLOR: **RUBIO NATURAL**

PRECAUCIÓN: ESTE PRODUCTO CONTIENE INGREDIENTES QUE PUEDEN CAUSAR IRRITACIÓN DE LA PIEL EN DETERMINADAS PERSONAS Y SE DEBE REALIZAR UNA PRUEBA PRELIMINAR DE ACUERDO CON LAS INSTRUCCIONES ADJUNTAS. ESTE PRODUCTO NO DEBE UTILIZARSE PARA TEÑIR LAS PESTAÑAS O LAS CEJAS; HACERLO PUEDE CAUSAR CEGUERA.

INGREDIENTES: AQUA / AGUA / EAU • TRIDECETH-2 CARBOXAMIDA MEA • PROPILENGLICOL • HEXILENGLICOL • PEG-2 OLAMINA • POLIGGLICERIL-4 OLEILÉTER • HIDRÓXIDO DE AMONIO • OLEATL ALCOLOHOLENIO. • ÉTER OLEÍLICO DE POLIGLICERIL-2 • ÁCIDO OLÉICO • DIETILAMINOPROPILLO DE SODIO CACOSASPARTAMIDA • PENTETATO DE PENTASODIO • ACETATO DE AMONIO • PARFUM / FRAGANCIA • METABISULFITO DE SODIO • ERYDITORBICO ALCOHÓRICO • PENTETATO DE PENTASODIO IONONA • EUGENOL • m-AMINOFENOL • LINALOOL • CITRONELOL • HIDROXIPROPIL BIS (N-HIDROXIETIL-P-FENILENEDIAMINA) HCL. F.I.L # D33266/2. PATENTE DE ESTADOS UNIDOS: 7,402,108

Advertencia del paquete de spray de color temporal Head Turner göt2b

Una amiga insiste en que vincular el rubio con la blanquitud y la supremacía blanca es ridículo. Simplemente se ve mejor en la mayoría de las mujeres, afirma. No soy blanca, así que trato de habitar su forma de certeza. Me interesa la falta de voluntad de mi amiga para preguntar por qué "mejor" y "rubia" son términos que van juntos. La otra cara sería el lema Black Is Beautiful. En la novela *Americanah* de la escritora nigeriana Chimamanda Ngozi Adichie, la protagonista describe cómo su empleador blanco insiste en describir a todas las mujeres negras como hermosas. El empleador usa "hermoso" para referirse a negro. Quizás "el cabello rubio es mejor" y "el negro es hermoso" son las dos formas de insistencia, y la última se niega a apoderarse de la imaginación del público debido al racismo, mientras que la primera parece tener sentido común debido a la supremacía blanca. No sé. Simplemente estoy explorando y no insistiendo. Mi amiga hace un gesto con la mano para indicarnos que cambiemos de tema.

Texto *Quizás sea cierto que muchas mujeres blancas decoloran su camino hacia el rubio porque el mundo las trata mejor y les paga más y las casa con cónyuges más ricos cuando enmarcan sus rostros con todo ese amarillo.*

Verificación Sí. El investigador australiano David Johnston no menciona el tiempo que les lleva casarse a las rubias. Sin embargo, sí reportan ingresos más altos y cónyuges más ricos. Véase a continuación.

Notas y fuentes De Johnston, "Physical Appearance and Wages: Do Blondes Have More Fun? [Apariencia física y salarios: ¿Las rubias se divierten más?]: "Los resultados de la investigación indican que las mujeres rubias reciben una prima salarial equivalente en tamaño al rendimiento por un año adicional de educación. También es evidente un efecto de privilegio del rubio en el mercado matrimonial. Las mujeres rubias no tienen ni más ni menos probabilidades de estar casadas; pero los salarios de sus cónyuges son aproximadamente un 6% más altos que los salarios de otros cónyuges".

Puede ser cierto que muchas mujeres blancas decoloran su camino •
hacia el rubio porque el mundo las trata mejor y les paga más y las
casa con cónyuges más ricos cuando enmarcan sus rostros con todo
ese amarillo. Ni siquiera se molestan en colorear sus raíces o la
parte de atrás de sus cabezas a menos que sean estrellas de cine o
comentaristas de noticias, o políticas, o tenistas famosas y su trabajo sea ser el objeto de deseo de los hombres blancos y de los
hombres de color, y de las mujeres blancas, y de las mujeres de color y de las personas no binarias. Esto es reduccionista y al mismo
tiempo no lo es.

El "no" se refiere al hecho de que las mujeres pueden obsesionarse
con la sospecha furtiva de que están fallando en la vida por no ser
rubias. Cuando me volví rubia me convertí en mí misma, dicen
muchas. Es gracioso. Si dices quiero ser yo mismo y la cultura
dice que el yo que importa es rubio, entonces, bueno, qué lástima,
que así sea. Mierda. Después de un tiempo, todos están de
acuerdo sobre quién se ve humano, joven, hermoso, humano y…
¿dije humano?

Un artículo en el *New York Times* titulado "Why So Many Asian-
American Women are Bleaching Their Hair Blond" [Por qué tantas mujeres asiáticas-estadounidenses se decoloran el cabello para
ser rubias], de Andrea Cheng, comienza con su primer recuerdo
de sentirse marginada por su identidad asiática dentro de la comunidad suburbana blanca estadounidense donde creció: "La primera vez que me di cuenta de mi origen asiático fue cuando le
pregunté a mi madre por qué yo no era rubia. Tenía 5 años y era
una de las pocas estadounidenses de origen asiático que vivían en
un suburbio predominantemente blanco en Michigan". El deseo
de pertenencia, de compartir la uniformidad del rubio, ha impulsado a algunos asiáticos en Estados Unidos a dedicar doce horas
y más de cuatrocientos dólares para ser rubios. Los retoques men-
suales para mantenerlo, agrega Cheng, "pueden costar más de 200
dólares por visita". Cheng escribe que las mujeres asiáticas hablan
de tener más confianza al romper con una generación mayor y de

Texto *La identidad asiático americana es discutida por la profesora erin Khuê Ninh. Independientemente de lo que Ninh haya dicho o no sobre la raza, el artículo no menciona la blanquitud, aunque está implícita. El artículo concluye con una mujer que alguna vez fue rubia, especulando sobre la motivación de los asiáticos para teñirse el cabello, diciendo que tal vez era una forma de decir: "Veme". Es difícil no escuchar eso como una súplica.*

Verificación Tal vez. Hay dos profesores mencionados en el artículo y ninguno hace alusión a la blanquitud.

Notas y fuentes Aunque erin Khuê Ninh no menciona explícitamente la blanquitud, su afirmación en el artículo podría implicarla: "Somos el grupo al que siempre se le dice que regrese de donde vino, y es en parte porque tenemos una población inmigrante muy fuerte, así que todos nos integramos sin importar si somos de cuarta generación o de primera; para todos, pareces un extranjero".

los méritos de la experimentación. La identidad asiático-americana es discutida por la profesora erin Khuê Ninh. Independientemente de lo que Ninh haya dicho o no sobre la raza, el artículo no menciona la blanquitud, aunque está implícita. El artículo concluye con una mujer que alguna vez fue rubia, especulando sobre la motivación de los asiáticos para teñirse el cabello, diciendo que tal vez era una forma de decir: "Veme". Es difícil no escuchar eso como una súplica.

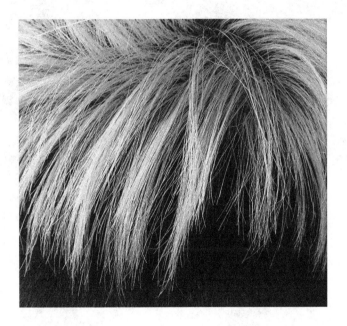

En un país que ha comerciado tan abiertamente con la superioridad blanca y la pureza blanca, quizás las mujeres blancas estén atrapadas dentro de la maquinaria que insiste en la autenticidad de la blanquitud. ¿Se sienten atrapadas? ¿Es la popularidad del peinado degradé, rubio en los bordes, rubio solo a medias, una forma de liberarse parcialmente mientras siguen relacionando su propio privilegio con el vocabulario de la blanquitud que funciona también como un vocabulario de la juventud para las mujeres mayores al cubrir sus canas?

Si teñirte el cabello significa que te conviertes en otra persona y esta persona te hace más tú misma, ¿es esto una señal de que la blanquitud es lo que realmente eres? ¿Es la blanquitud junto con el cabello rubio algo a poseer, una posesión, una propiedad, algo de lo que no puedes prescindir si deseas vivir? ¿Volverse rubia es una forma de acceder o poseer la blanquitud como propiedad? ¿Es el rubio una inversión que aumenta el valor propio al hacer que una sea al mismo tiempo convencional y única en un solo proceso?

La preocupación es que este color de cabello en particular les prometa "el mundo" a estas mujeres. ¿Puede el mundo ser dado?

Si la supremacía blanca y el racismo contra los negros siguen siendo modos estructurales fundamentales de violencia a través de los que los países siguen gobernando, el rubio podría ser uno de nuestros modos más pasivos y fluidos de complicidad. El rubio señala el poder blanco y sus valores como deseables, ya sea que el pensamiento te entre o no en la cabeza. Cuando las mujeres dicen una y otra vez que decolorar su cabello ilumina sus rostros y las hace más aceptables tanto para los hombres como para otras mujeres; o cuando hablan sobre la provocación de sus nuevos peinados rubios; o cuando los no blancos sienten que es un logro poseer un significante de poder que de otro modo no podrían poseer; o cuando se reprime el gris y se busca la juventud valorada; o cuando le devolvemos al mundo el reflejo de lo que este valora se vuelve cada vez más difícil pretender que nuestras libertades no estén ligadas a nuestra complicidad con los valores de los supremacistas blancos.

Veo a una joven negra, en edad universitaria, en la calle cerca de mi departamento. Dado que fueron mujeres como ella quienes iniciaron esta línea de investigación, me encuentro mirándola fijo. Le digo que se ve increíble porque es así. Ella muestra una sonrisa sin editar. Le pregunto, solo tengo curiosidad, como mujer negra, ¿por qué te has decolorado el cabello? Lo que es difícil de conciliar es la noción de que un color de cabello puede ser una elección de estilo de vida, algo que puede agregar un poco de diversión, pero que también puede estar relacionado con un compromiso de larga data

con la supremacía blanca. Por qué no, responde ella, y no es una pregunta. Le repito la frase –¿Por qué no?–, esta vez con sus signos de interrogación, lo que hace que no sea una repetición exactamente. La joven sigue caminando y yo me quedo pensando, tal vez así sea como nos liberamos para liberarnos de tener que enfrentar la historia de todos los tiempos. Por qué no.

Taxi.

blanqueamiento

Advertencia

El siguiente método de blanqueamiento de la piel es poderoso y de larga duración, y solo debe ser practicado por aquellos que buscan aclarar su piel cinco tonos o más.

Se recomienda la discreción del espectador.

¿Sufres de baja autoestima debido a de tu piel? ¿El color de tu piel te hace poco atractivo para el sexo opues incapaz de progresar en la vida? ¿E cansado de gastar una fortuna en cr poco efectivas y muchas veces pelig para aclarar la piel?

Entonces te recomiendo que mires el siguiente video impactante que te explicará cómo puedes aclarar tu piel en total en cinco tonos, naturalmente y desde la comodidad de tu hogar en solo treinta minutos.

Este método revolucionario de blanqueamiento de la piel no ha sido visto nunca antes en internet y puedes realizarlo tú mismo en casa, con un puñado de ingredientes que puedes conseguir en una tienda de alimentos naturales. Ahora es el momento de blanquear tu piel de forma segura sin la necesidad de químicos agresivos y decolorantes que pueden causar daño permanente en la piel, pigmentación e incluso envenenamiento.

Antes de que te diga exactamente c puedes aclararte la piel, quiero que co un poco sobre mí y sobre cómo descu método "hazlo tú mismo" para obter piel naturalmente blanca de forma de y duradera.

Yo me daba cuenta de cuánto más segura y atractiva podría sentirme con la piel más blanca. Iba a poder progresar en mi vida personal y mi carrera dejando atrás las preocupaciones sobre cómo me veían los demás. Tristemente, en ese momento era solo un sueño.

Todas las mujeres con piel más clara, mi misma edad y mi misma educación lograban tener trabajos mucho mejor pagos y compañeros atractivos; y ahí estaba yo, todavía soltera, luchando por conseguir trabajo y cayendo en una depresión cada vez más profunda.

Sabía de químicos y blanqueadores ag que muchas mujeres usaban para acla piel, pero después de ver cómo muchas se enfermaron y sufrieron un d permanente, me dije "si solo hubiera forma natural y segura de hacer e

---

Por suerte, mi afán por investigar el tema aumentó y se volvió incontrolable. Y no fue hasta que me gradué de la universidad de medicina donde estudié las células llamadas melanocitos que hice un descubrimiento importante que me cambiaría la vida.

El color de la piel depende de la actividad de los melanocitos en la piel. Mientras más células de este tipo tienes, más melanina produces. La melanina es el pigmento de la piel y determina cuán oscura es.

Fue interesante porque la mayor part gente supone que las personas con l más oscura tienen más melanocitos. C de hecho, tanto los individuos de pie como los de piel oscura tienen la m cantidad de ese tipo de células. Lo qu que alguien tenga la piel más oscura actividad real de la célula.

Mientras más activa esté la célula melanocito, más melanina produce. Y de ahí el color más oscuro de la piel.
En ese momento fue para mí muy claro que necesitaba buscar ingredientes naturales que, combinados, pudieran afectar directamente la actividad de la célula. Sabía con una certeza profunda que esos ingredientes existían, solo necesitaba encontrarlos.

Fue un descubrimiento increíble que me dejó sin aliento, y al principio no podía creerlo. ¡Estos ingredientes que cualquiera puede comprar habían afectado las células responsables del color de la piel!
Sin dudarlo, pues sabía que la crema era natural y segura, decidí aplicármela a mí misma durante siete días.

El sueño de toda mi vida finalmente se cumplido. Después de esos siete días y estaba sintiendo más segura y extrover este era solo el comienzo.
Muy pronto, familiares y amigos m preguntaron por qué lucía diferente. personas comenzaron a verme como una de autoridad en el trabajo. ¡Hasta emp recibir invitaciones para salir del sexo op

---

Todos querían lo que yo tenía.
Mi extraordinaria crema hecha de ingredientes naturales había tenido un nivel de éxito del cien por ciento y todos mis amigos de piel oscura estaban teniendo resultados increíbles también.

No tienes que preocuparte de que tu nueva piel más blanca desaparezca. Como la fórmula afecta directamente las células, los resultados son permanentes y notables después de apenas un par de días.

¡Te veo del otro lado!

Una maquilladora y yo hablamos de bueyes perdidos, cuando le pregunto cuáles son las necesidades de sus clientas en función de la raza. Mis chicas rusas quieren sus labios más grandes, dice, haciendo un gesto de explosión con la mano frente a la boca. Mis chicas asiáticas necesitan ser lo más claras posible. Ella agrega, lo entiendo. La maquilladora es negra y de piel oscura como yo, así que supongo que quiere decir que entiende que culturalmente se prefiere a las personas de piel más clara sin importar su coloración racial.

La resignación en su voz me recuerda a una estudiante asiática que tuve una vez, que apoyó la cabeza en mi escritorio cuando le pregunté si quería escribir sobre su madre. Su estado de ánimo cambió tan drásticamente que temí que su madre hubiera fallecido y, sin darme cuenta, yo la hubiera lastimado.

Sin mirarme, dijo: Mi madre es racista. Intenté responder con mi voz más inexpresiva. ¿En serio? ¿Cómo comunica su racismo? La estudiante, que es una escritora talentosa y una narradora nata, se enderezó. Dijo: Mi madre me dice que mi padre es tan guapo que debe tener algo de blanco en él.

No le pregunté si su madre dijo lo mismo de ella.

También hay otras cosas, añadió.

Ya veo, dije. Ya veo.

Un anuncio chino de jabón para ropa de 2016 mostraba a un hombre negro metido en una lavadora que emergía del electrodoméstico sin su negritud. El racismo contra los negros no se limita a Estados Unidos, Europa o Sudáfrica. La industria del blanqueamiento de la piel en Asia, América del Sur y África prospera en el siglo XXI. Al parecer, todo el mundo entiende lo que se valora y se premia. La blanquitud y la globalización bien podrían ser una sola cosa. O tal vez se trate de cualquier cosa salvo de negritud.

Estoy viendo a Naomi Osaka, el fenómeno del tenis asiático y negro, y me pregunto cómo le da sentido al hecho de que su madre japonesa dejara de hablarse con sus padres, los abuelos de Naomi, porque amaba a un hombre haitiano. El alejamiento por un periodo quince años, que duró hasta que Naomi tenía once años, me sigue causando estupor, incluso cuando sé que esto no es inusual.

¿Cómo es posible sentirse traicionado durante una década y media porque una hija ama a alguien? ¿Es por vergüenza del contagio de la extrañeza o es que la pureza de la línea de sangre de uno está contaminada por la negritud? Probablemente las dos cosas. Esta historia podría ser material de una película; todavía no puedo comprender cómo la asociación con la negritud, esa idea, podría ser peor que la pérdida de contacto con una niña que una dio a luz, amamantó y cuidó durante toda su joven vida. Pienso en mi propia hija, cuya vida y cuyos amores le dan forma a mi vida. Intento pensar en la posibilidad de que valiera la pena perder ese amor innegociable a causa de alguna falta de asociación con lo que yo soy.

Imaginen cómo será odiar tanto a un pueblo que solo cuando el mundo abraza a tu nieta, solo entonces, puedes construir tu propio abrazo.

Algunos pensamientos sobre el blanqueamiento de Naomi Osaka hecho por
Nissin y qué significa.

El hecho me dejaría realmente anonadada si no fuera común. La profundidad de tal odio sigue siendo, quizás, lo que muchos se niegan a comprender.

Osaka venció a Serena Williams en el US Open de 2018 donde ocurrieron todo tipo de absurdos. En la semana siguiente a la victoria de Osaka en el Grand Slam, un dibujante australiano retrató a Williams en lo que muchos entendían como una forma estereotipada de racismo y retrató a Osaka como rubia. El blanqueamiento de Osaka desde su ascenso ha sido una dinámica sobre la que se ha visto obligada a comentar. Los anuncios de uno de sus patrocinadores japoneses, Nissin Foods, aclararon su piel mientras la representaban golpeando la pelota con su ropa de tenis blanca. Desafortunada, pero involuntariamente racista, fue la opinión de Osaka: "Estoy bronceada. Es bastante obvio (…) Pero definitivamente creo que la próxima vez que intenten retratarme o algo así, siento que deberían hablar conmigo al respecto". A diferencia del caricaturista australiano, Nissin, al menos, no le tiñó el pelo de rubio, aunque se sabe que Osaka se tiñe las puntas de rubio. Por qué no.

Un tuit señaló que los patrocinadores al menos no están haciendo retratos "más negros" de Osaka. El blanqueamiento fue, de alguna manera, parecía implicar el comentador, el menor de dos males. Quizás sus patrocinadores al aclarar su piel solo están tratando de protegerla a ella y a sus productos del anticipado racismo japonés contra los negros. ¿Justificado? Después de la victoria de Osaka en 2019 en el Toray Pan Pacific Open, en el país de su nacimiento y ciudadanía, el equipo de comedia A Masso declaró, en un evento, que Osaka "necesitaba un poco de lejía". Según un artículo de Maiysha Kai en *The Root,* se ha hecho referencia a otros "haˉfu" o individuos de raza mixta como "kurombo", la versión japonesa de la "palabra N". A medida que Osaka es enmarcada como la Serena Williams de su generación, comenzamos a entender que este papel de heredera se formó dentro de un marco racista similar.

En conferencia de prensa tras conferencia de prensa, Osaka responde a la retórica racista dirigida a ella, y mientras noto su cautela,

me pregunto si recibiría el mismo trato si fuera haitiano-filipina, haitiano-china, haitiano-vietnamita, haitiano-coreana, haitiano-india, etc. ¿Cuáles son los países asiáticos donde la gente cree que sus "historias de origen" no están contaminadas por su asociación con la negritud? Estoy pensando que su ansiedad, si es que existe, está enredada con la forma en que se ve la negritud en el imaginario blanco. Y dada esta posibilidad, ¿quiénes son los asiáticos que se entienden a sí mismos como los llamados "socios menores" dentro de las estructuras de la supremacía blanca? Obama recibió el 62% y el 73% de los votos de los estadounidenses de origen asiático en las elecciones de 2008 y 2012, respectivamente. ¿Qué creían que nuestro primer presidente negro podía salvaguardar para ellos?

espacios liminales iii

Texto *La teórica Barbara Johnson sugirió que sean cuales sean las narrativas existentes "ya han sido leídas".*

Notas y fuentes Barbara Johnson, "The Critical Difference: BartheS/BalZac" [La diferencia crítica: BartheS/BalZac]: "Primero, implica que una única lectura se compone de lo ya leído, lo que podemos ver en un texto la primera vez ya está en nosotros, no en el texto; en nosotros en la medida en que nosotros mismos somos un estereotipo, un texto ya leído; y en el texto solo en la medida en que lo ya leído es ese aspecto de un texto que debe tener en común con su lector para que sea legible".

Mi amigo dice que la fuerza gravitacional de una historia de origen es difícil de superar.

Estoy pensando en la supremacía blanca.

¿Cuántas narrativas hay para la gente negra en el imaginario blanco?

La teórica Barbara Johnson sugirió que sean cuales sean las narrativas existentes "ya han sido leídas".

Yo agregaría que, al final, todas las narrativas terminan nombrando a los negros con palabras que comienzan con la letra "N". Nodriza podría ser una. Niñera otra. Nadie, podría ser otra más.

No estamos indefensos, pero estamos "condicionados a ser indiferentes", para usar la frase de Bryan Stevenson. Todos estos años de vecinos blancos sospechando, acusando o matando a personas negras han ocurrido en mayor proporción dentro que fuera de la ley. Se entregaron postales de linchamiento a través del correo de Estados Unidos.

"9-1-1, hay un hombre negro al otro lado de la calle abriendo la puerta de su casa. Apúrense".

Los mecanismos de memoria de mi cerebro plantean una pregunta y una declaración tomada de un mural y de una valla publicitaria.

¿Cuánto tiempo significa ahora?

Hay gente negra en el futuro.

Texto *Ta-Nehisi Coates quiere que, al menos, hablemos sobre cómo podrían ser las reparaciones.*

Notas y fuentes Del testimonio de Ta-Nehisi Coates ante el Comité Judicial de la Cámara, 19 de junio de 2019: "El asunto de las reparaciones tiene que ver con pedidos de perdón y reparaciones directas, pero también es una cuestión de ciudadanía. El H.R. 40 (Comisión para el estudio y el desarrollo de propuestas para los afroamericanos) es un organismo que tiene la oportunidad de cumplir con su disculpa de 2009 por la esclavitud y rechazar el patriotismo exitista, para decir que esta nación es tanto su crédito como su débito. Que si Thomas Jefferson importa, también importa Sally Hemings. Que si el Día D importa, también importa Black Wall Street. Que si Valley Forge importa, también importa Fort Pillow. Porque la pregunta realmente no es si estaremos atados a las cosas de nuestro pasado, sino si seremos lo suficientemente valientes para estar atados a esas cosas en su totalidad. Gracias".

Ta-Nehisi Coates, "The Case for Reparations" [El caso de las reparaciones], *The Atlantic*:

"Y entonces debemos imaginar un nuevo país. Las reparaciones –expresión con la que me refiero a la plena aceptación de nuestra biografía colectiva y sus consecuencias– son el precio que debemos pagar para mirarnos a nosotros mismos con honestidad. Es posible que el alcohólico en recuperación tenga que vivir con su enfermedad durante el resto de su vida. Pero al menos no está viviendo una mentira ebria. Las reparaciones nos instan a rechazar la intoxicación de la arrogancia y ver a Estados Unidos como lo que es: el trabajo de seres humanos falibles.

"¿No nos dividirán las reparaciones? No más de lo que ya estamos divididos. La brecha de riqueza simplemente pone un número a algo que sentimos pero que no podemos decir: la prosperidad estadounidense fue mal habida y selectiva en su distribución. Lo que se necesita es ventilar los secretos familiares, un arreglo con viejos fantasmas. Lo que se necesita es una curación de la psique estadounidense y el destierro de la culpa blanca (...) Las reparaciones significarían una revolución de la conciencia estadounidense, una reconciliación con nuestra imagen de nosotros mismos como el gran evento democratizador respecto a los hechos de nuestra historia".

Ta-Nehisi Coates quiere que, al menos, hablemos sobre cómo podrían ser las reparaciones. Está en una conversación con la memoria histórica, con los archivos, con "la lógica de la supremacía blanca", con un público estadounidense moldeado por esa lógica, una realidad estructural moldeada por esa lógica, y con Mitch McConnell, o con lo que McConnell, moldeado por esa lógica, representa: "No creo que las reparaciones por algo que sucedió hace 150 años y por algo de lo que ninguno de los que actualmente estamos vivos somos responsables sea una buena idea".

La declaración de McConnell es una declaración ensayada y estratégica. La repetición se convierte en insistencia transformándose en una posición aceptada y aceptable. Ayuda, ayuda.

Coates está modelando una respuesta a esta repetición y lo que él llama "patriotismo exitista". Nos está alejando del carácter ordinario que tiene la capitulación con la violencia incluida en la supremacía blanca.

Dime: "No tengo un hueso racista en mi cuerpo".

Dime: "No veo el color".

Dime: "No soy racista, simplemente no estoy acostumbrado a votar por la gente negra".

Dime: "Tengo un amigo negro".

Y luego observa los patrones de votación en Estados Unidos:

Quienes votaron en 2016 para ser representados una vez más por esta forma de violencia: el 62% de los hombres blancos y el 47% de las mujeres blancas, una pluralidad, ¿cómo voy a entenderlos?

¿Cómo debería entender yo sus historias de origen?

Texto *¿Cómo debo interpretar su comodidad con niños durmiendo en pisos de concreto en centros de detención dedicados a que esos niños sufran hasta morir?*

Notas y fuentes Masha Gessen, "The Unimaginable Reality of American Concentration Camps" [La realidad inimaginable de los campos de concentración estadounidenses], *The New Yorker*: "Un lado siempre sostiene que nada puede ser tan malo como el Holocausto, por lo tanto, nada puede compararse con él; el otro sostiene que la lección cautelosa de la historia solo puede aprenderse reconociendo las similitudes entre el presente y el pasado. Pero el argumento es realmente sobre cómo percibimos la historia, a nosotros mismos, y a nosotros mismos en la historia. Aprendemos a pensar en la historia como algo que ya les ha sucedido a otras personas. Nuestro propio momento, lleno como está de minucias destinadas al olvido, siempre parece más pequeño en comparación (...) Hitler o Stalin llegan a parecer villanos bidimensionales, personas a quienes sus contemporáneos no podrían haber visto como seres humanos. El Holocausto o el Gulag son eventos tan monstruosos que la sola idea de representarlos en cualquier tipo de escala de grises parece monstruosa también. Esto tiene el efecto de hacerlos, esencialmente, inimaginables. Al elaborar la historia de algo que nunca debería haberse permitido que sucediera, forjamos la historia de algo que posiblemente no podría haber sucedido. O, para usar una frase ligeramente fuera de contexto, algo que no puede suceder aquí".

Texto *"Nos guste o no, estos no son nuestros hijos. Muéstrales compasión, pero no es como si él estuviera haciendo esto con la gente de Idaho o de Texas. Son personas de otro país".*

Notas y fuentes Brian Kilmeade

Texto *uppgivenhetssyndrom*

Notas y fuentes Rachel Aviv, "The Trauma of Facing Deportation" [El trauma de enfrentar la deportación], *The New Yorker*.

Texto *Uno duda en llamarlos vivos: uno duda en decirle muerte a su muerte, muerte ante la que no sienten miedo, ya que están demasiado cansados para comprender.*

Notas y fuentes Primo Levi, *Survival in Auschwitz: The Nazi Assault on Humanity* [*Si esto es un hombre*].

¿Cómo debo interpretar su comodidad con niños durmiendo en pisos de concreto en centros de detención dedicados a que esos niños sufran hasta morir?

Y luego observar las normas aceptadas en Estados Unidos:

"Nos guste o no, estos no son nuestros hijos. Muéstrales compasión, pero no es como si él estuviera haciendo esto con la gente de Idaho o de Texas. Son personas de otro país".

¿Cómo tengo que entender la fluidez con la que continuamos en nuestros días?

¿Cómo entender todas las veces que apartamos la mirada?

Teju Cole escribe: "No hay refugiados, solo conciudadanos cuyos derechos no hemos reconocido".

¿Cómo es que estos niños no terminan en coma como sus homólogos europeos, refugiados en países como Suecia? Esos niños sufren de «uppgivenhetssyndrom", también conocido como "síndrome de resignación". Renuncian a la vida y al estado y a la nación que los rechaza; se dan por vencidos en una vida que se siente como "demasiado".

Primo Levi describió a esta categoría de personas en los campos de concentración nazis, los conocidos como Muselmänner: "Uno duda en llamarlos vivos: uno duda en decirle muerte a su muerte, muerte ante la que no sienten miedo, ya que están demasiado cansados para comprender".

Esto me devuelve a la soledad ética, al aislamiento que uno experimenta cuando uno es, según Jill Stauffer, "abandonado por la humanidad o por aquellos que tienen poder sobre las posibilidades de vida de uno".

Todo el mundo comprende
que si no tienes un cepillo de dientes,

si no tienes jabón,
si no tienes una frazada...

no es un sitio seguro ni salubre.

Una abogada de Trump dice
que los niños migrantes
detenidos no necesitan ciertos
productos de higiene.

Darse por vencido se siente como una forma de protección de la vida misma. Manos arriba, no disparen.

Pero darse por vencido no es algo que se desee hacer.

Pero el habernos rendido quizás sea lo que veamos en el futuro cuando miremos nuestra vida en retrospectiva. No personas en coma, ni Muselmänner demacrados al borde de la muerte, sino indiferencia y tolerancia por lo indecible bajo la categoría de impotencia.

Sin embargo, imagino que la impotencia podría ser en sí misma algo que debe manejarse.

¿Por qué no todas las personas participan activamente en nuestra actual lucha estadounidense contra un régimen nacionalista?

¿Hay tantos que se han vuelto tan vulnerables a la dominación blanca que los caminos hacia el cambio imaginado se borran de nuestros cerebros y nuestras conciencias predeterminadas están en sus niveles más bajos de actividad, lo que significa que ya no podemos imaginar un nuevo tipo de futuro o incluso realmente ver lo que está sucediendo en nuestro presente?

En el espacio liminal de la estación de tren de Boston Back Bay, una grabación nos recuerda a mis compañeros de viaje y a mí: "Si ves algo, di algo".

Pero luego, como si la respuesta automática comprendiera de repente a quién le habla, agrega: "Ver algo significa ver una acción, no una persona".

¿Quién agregó esa frase?

¿Quién se atrevió a pronunciarla?

A causa del racismo, a causa de la suposición de un único público, a causa de la supremacía blanca, a causa del nacionalismo, implica, primero vigílate a ti mismo.

La vez siguiente que tuve que esperar el tren en Back Bay, la segunda declaración del recordatorio había desaparecido.

¿Por qué la quitaron?

A veces bromeo diciendo que la supremacía blanca me robó el optimismo.

No te sientas abrumada por la supremacía blanca, responde mi amigo.

El "exceso" de nuestra realidad actual a veces da lugar al humor, pero podría ocasionar disociación, desapego del compromiso, una negativa a participar en nuestras prácticas democráticas, dado lo estructural e invasiva que sigue siendo la supremacía blanca.

La orientación supremacista blanca está empaquetada como pensamiento universal y como visión objetiva, que insiste en el borrado de cualquiera —mi presencia real, mi humanidad— que interrumpa su reflejo. Su forma de ser.

La idea de que uno puede diferenciarse es una linda fantasía, pero no podemos permitirnos fantasías.

Texto *(...) en el distanciamiento social de Zoom, donde sea, ya se ha producido una conversación entre tú y yo a medida que nuestro encuentro se desarrolla de nuevo.*

Notas y fuentes Steve Neavling, "Black People Make Up 12% of Michigan´s Population and At Least 40% of Its Coronavirus Deaths" [Las personas negras constituyen el 12% de la población de Michigan y al menos el 40% de sus muertes por coronavirus], *Detroit Metro Times*, 2 de abril de 2020: "'No hay duda de que el brote de COVID-19 está teniendo un efecto más significativo en las comunidades marginadas y más pobres, particularmente en las comunidades de color', dijo a *Metro Times* el doctor Joneigh Khaldun, director médico ejecutivo de Michigan. 'Si bien el COVID-19 puede infectar a cualquier persona independientemente de su raza o clase, históricamente los afroamericanos han tenido más probabilidades de tener tasas más altas de afecciones médicas crónicas como enfermedades cardíacas, diabetes y cáncer en Estados Unidos. Sabemos que las personas con estas afecciones médicas subyacentes tienen más probabilidades de enfermarse gravemente por COVID-19'".

Las fantasías cuestan vidas.

La blanquitud universalizada, ese imaginario racial, vive en cada momento.

Tenemos que estar dispuestos a pensar en esto a pesar de pasar la mayor parte de nuestros días sin pensar en absoluto.

En la mayoría de los casos ya hemos decidido sobre todo y sobre todos, pero el pensamiento real, escribe la teórica del afecto Lauren Berlant, "interrumpe el flujo de la conciencia con una nueva demanda de exploración y enfoque (…) Ser forzado a pensar es comenzar a formular el evento de tener una sensación de historia en el presente".

Quiere que "trabemos la maquinaria que hace que lo ordinario aparezca como un flujo".

Incluso cuando existimos como personas en relación con otras personas: personas frente a frente, personas que hablan en un automóvil, en un avión, junto a una fuente de agua, en los centros de detención, en las prisiones, en los picnics, en el trabajo, en la puerta de al lado, en los trenes, en las salas de espera, en las aulas, al lado de las camas, en los taxis, en el metro, en la tienda, en la calle, en la clínica, en la oficina de correos, en el Departamento de Vehículos Motores o en el distanciamiento social de Zoom, • donde sea, ya se ha producido una conversación entre tú y yo a medida que nuestro encuentro se desarrolla de nuevo.

Las posiciones y los caminos predeterminados podrían significar que lo que yo imagino no importa dado que soy una mujer negra.

¿Qué tendrían que injertarles a los blancos en sus fantasías para poder tratar como real la posibilidad de un verdadero cambio? ¿De una verdadera igualdad?

Texto *En 2008 y 2012, las personas de color, en las categorías definidas de negros, asiáticos e hispanos (colocando a los pueblos indígenas y de Oriente Medio en la categoría de otros), lograron elegir un presidente negro a pesar de que la mayoría del voto blanco fue a los candidatos blancos.*

Notas y fuentes

Voto presidencial de 2008 según voto por subgrupo demográfico			
Subgrupo demográfico	Obama	McCain	Otro	% del voto total
Voto total	53	46	1	100
Raza			
Blanca	43	55	2	74
Negra	95	4	1	13
Asiática	62	35	3	2
Hispánica	67	31	2	9
Otra	66	31	3	2

Voto presidencial de 2012 según subgrupo demográfico			
Subgrupo demográfico	Obama	Romney	Otro	% del voto total
Voto total	51	47	2	100
Raza			
Blanca	39	59	2	72
Negra	93	6	1	13
Asiática	73	26	1	3
Hispánica	71	27	2	10
Otra	58	38	4	2

En 2008 y 2012, las personas de color, en las categorías definidas ●
de negros, asiáticos e hispanos (colocando a los pueblos indígenas
y de Oriente Medio en la categoría de otros), lograron elegir un
presidente negro a pesar de que la mayoría del voto blanco fue a los
candidatos blancos.

Una vez que la victoria tuvo lugar, las personas blancas dijeron que
había sido un cambio en su racismo a pesar del hecho de que la
mayoría blanca no votó por un candidato negro en ninguna de las
dos elecciones. Pero, de repente, y de forma falsa, esta victoria había sido un logro y un avance de los blancos.

¿Y Obama? Oí una y otra vez cuando señalé la continuación de
nuestra realidad supremacista blanca en este país.

¿Y Obama qué?, contesté siempre antes de mostrar los porcentajes
de votos que guardo en mi teléfono.

La reimaginación del plan es la conversación que quiero tener.
¿Cómo hacemos "todos nosotros" para creer nuevamente en nuestros derechos inalienables?

El plan está ahí y yo quiero que avance.

Anclada en el desconocimiento, ansío sobreponerme a la inquietud
de mis propias formas de impotencia dentro de una estructura que
restringe posibilidades.

Déjenme preguntarles o solo díganme por qué, o mejor aún, ¿nosotros cómo podemos?

¿Pero quién es este "nosotros"?

¿Y será incluso esa la pregunta?

Qué interesante ver a legisladoras demócratas "progresistas", que vinieron originalmente de países cuyos gobiernos son una catástrofe completa y total, los peores, los más corruptos e ineptos de todo el mundo (si es que tienen un gobierno funcionando para empezar), diciéndole en voz alta…

… y con maldad, al pueblo de Estados Unidos, la nación más grande y poderosa de la Tierra, cómo debemos gobernar. ¿Por qué no vuelven y ayudan a arreglar los lugares totalmente arruinados e infestados de delitos de los que vinieron? Después regresen y muéstrennos cómo…

… se hace. Esos lugares necesitan su ayuda de forma urgente. Deben irse lo antes posible. ¡Estoy seguro de que Nancy Pelosi estaría muy feliz de conseguirles pasajes sin costo!

5:27 a.m. · 14 jul. 2019

E pluribus unum puede haber sido el primer error nacional.

¿Hay un "uno" del que el resto de nosotros debería bajarse o hacia el cual debería proyectarse?

Y una vez que se contrae ese compromiso, ¿somos ciudadanos de qué?

Nosotros, el pueblo, ¿somos ciudadanos de qué?

No diré nuevamente el "qué" que me hace pensar, pero citaré aquí a Fred Moten: "El análisis de nuestro asesino y de nuestro asesinato se hace para que podamos ver que no fuimos asesinados. Sobrevivimos. Y entonces, cuando de repente tenemos una visión fugaz de nosotros mismos, temblamos, pues estamos destruidos. Nada sobrevive. La nada que compartimos es lo único que es real. Lo que mostramos. Ese mostrar es, o debería ser, nuestra investigación constante".

Aprópiense de eso.

¿Es posible vivir *E pluribus unum?*

Como ciudadana naturalizada, estoy tan conectada con los que dicen "vuelve al lugar del que saliste" o "envíenla de vuelta" como con ● el proceso democrático que me nombra como ciudadana estadounidense. Y por más desconocida que sea para todos los demás, estoy para siempre en relación con todos los demás.

No soy parte del uno sino que soy una.

No hay un más allá de la ciudadanía.

Un extraño me dice que pensaba que su meta era comprenderse a sí mismo como "diferente de", pero finalmente llegó a entender su carácter de igual. Llegó a entenderse a sí mismo como alguien que

Una amiga terminó de leer las páginas finales de *Solo nosotros* y simplemente dijo, Aquí no hay estrategia. ¿No?, le pregunté. Su impaciencia tenía que ver con un deseo por un cierto tipo de acción. Cómo decirle que reaccionar es mi respuesta. Las reacciones y la investigación y las adaptaciones y los acuerdos infinitos se vuelven una vida. Lo que no le dije, pero debería haberle dicho, es que es la falta de novedad de la supremacía blanca y la falta de novedad de mi indagación lo que me devuelve a la página para volver a comprometerme.

Nuestro silencio, nuestro rechazo o nuestra incomodidad, nuestra ceguera voluntaria, el sentimiento de cerrarse y negarse a comprometerse, la rabia que cancela la complejidad de la respuesta son también estrategias. Así como lo son la necesidad de respuestas y de nuevas estrategias. El pedido de estrategia es una estrategia, y entiendo y respeto la necesidad de ese pedido.

Para algunos de nosotros, y me incluyo aquí, permanecer en lo cotidiano del disturbio es nuestra forma de seguir siendo sinceros hasta que otra estrategia ofrezca un nuevo camino, un camino aún no imaginado que permita que las estructuras existentes dejen de reproducirse. Hasta ese momento, renunciar a la posibilidad de intentarlo de nuevo, de conversar de nuevo, de hablar, de cuestionar, de escuchar, es ser cómplice con la violencia de una estructura inmutable que lucha con la condición de vivos y con el constante movimiento de todos nosotros.

De esta manera, recuerdo a los fieles que se apuntaron para un juego prolongado. Los defensores de los derechos civiles con perspectiva religiosa sean quizás los más admirables. Gente como Ruby Sales, quien sigue comprometida con la participación de lo que ella llama "la cultura de la blanquitud", tiene mi respeto eterno. En 1965, un hombre blanco, Jonathan Daniels, la tiró al piso para salvarla de un disparo de escopeta destinado a ella, disparado por otro hombre blanco, Tom Coleman. Sales dice que entonces se situó entre lo mejor y lo peor que nuestra democracia tiene para ofrecer.

La opacidad de nuestro existir unos junto a otros nos pide que demos un paso adelante. No quiero olvidar que estoy aquí; en cualquier momento dado estamos, cada uno de nosotros, junto a cualquier otro, capaces tanto de lo mejor como de lo peor que nuestra democracia tenga para ofrecernos.

vive entre otros seres humanos que son no blancos, dentro de una estructura armada para quitarles los derechos a esos otros.

Arthur Jafa dijo: "Como persona negra conoces la blanquitud [y] la experimentas: ¿cómo juntas ese conocimiento y a las personas que conoces y amas?". Podría extender esto a todas las personas que conoces y amas. Cada una. Una por vez.

Nuestras vidas podrían representar el amor por las lecturas minuciosas de quienes somos cada uno, el amor de un "uno" recientemente formado, recientemente concebido hecho de públicos oscuros percibidos pero no nombrados en un futuro aun no imaginado.

Lo que sé es que un deseo incipiente por un futuro diferente al que parece estarse formando en nuestros días me lleva a sentarme en cualquier mesa e inclinarme para escuchar, para responder, para esperar respuestas de cualquier otro.

Dime algo, una cosa, la cosa, dime esa cosa. •

Permiso para el uso de imágenes y textos

p. 22 From the collection of Hermann Zschiegner.

p. 26 © Claudia Rankine

p. 28 © Reflective Democracy Campaign

p. 30 Reproduced with the permission of Reverend Traci Blackmon.

p. 31 © Claudia Rankine

p. 36 Titus Kaphar. Error of Repetition {where are you?}, 2011, oil on canvas. Image courtesy of the artist.

p. 38 Manthia Diawara, "Conversation with Édouard Glissant Aboard the Queen Mary II" from Edouard Glissant: One World in Relation (August 2009). Translation by Christopher Winks. Used with permission of the filmmaker and translator.

p. 40 © John Lucas and Claudia Rankine

p. 44 Photo © John Lucas

p. 46 © John Lucas

p. 48 © John Lucas

p. 62 Courtesy of Ruby Sales.

p. 62 Courtesy of Virginia Military Institute Archives.

p. 72 © David Gifford / Science Photo Library

p. 82 © Reginald Seabrooks

p. 88 From the Todd-Bingham Picture Collection and Family Papers, Yale University Manuscripts & Archives Digital Images Database, Yale University, New Haven, Connecticut

p. 94 © Paul Graham

p. 100 © Mark Peterson

p. 106 © Bettmann / Getty Images

pp. 116-125 Graphic design by John Lucas. Scans courtesy of Beinecke Library, Yale University.

p. 130 © Bettman / Getty Images

p. 134 © Mark Peterson

p. 138 © Mark Peterson

p. 148 © Mark Peterson

Agradecimientos

"Espacios liminales i" apareció por primera vez en la *New York Times Magazine*, en forma impresa como "Encuentros breves bajo el título "Brief Encounters with White Men" [Encuentros breves con hombres blancos] y en línea como "I wanted to know What White Men Thought about Their Privilige. So I asked. [Quería saber qué pensaban los hombres blancos acerca de sus privilegios. Entonces pregunté] Una primera versión de "libertades cómplices" apareció por primera vez en BBC Radio bajo el título "Claudia Rankine: On Whiteness" [Claudia Rankine: sobre la blanquitud], producido por Jo Wheeler.

Las imágenes incluidas de rubios aparecieron por primera vez en "Stamped", una colaboración con John Lucas en Pioneer Works.

Este libro no hubiera sido posible sin el acompañamiento riguroso y solidario de Jeff Shotts, Fiona McCrae, Chantz Erolin, Katie Dublinski y todos en Graywolf Press que apoyaron su publicación.

Me gustaría agradecer especialmente a todos aquellos que se presentaron como lectores y compartieron su tiempo e inteligencia en la realización de *Solo nosotros*: Nuar Alsadir, Catherine Barnett, Alexandra Bell, Lauren Berlant, Jen Bervin, Sarah Blake, Jericho Brown, Jane Caf l isch, P. Carl, Prudence Carter, Jeff Clark, Allison Coudert, Whitney Dow, Teresita Fernández, Adam Fitzgerald, Roxane Gay , Louise Glück, Sana Goldberg, Michael Goodman, Karen Green, Catherine Gund, Claire Gutierrez, Navid Hafez, James Heyman, Christine Hume, Kassidi Jones, Titus Kaphar, Nancy

Kuhl, Charlotte LaGarde, Deana Lawson, Walt Lehmann, Casey Llewellyn, Beth Loffreda, Tracy Biga MacLean, Tracey Meares, Leah Mirakhor, Maryam I. Parhizkar, Mark Peterson, Adam Plunkett, Kathryn Potts, Corey Ruzicano, Sarah Schulman, Cera Smith, Kristen Tracy, Jennifer Ullman, Maggie Winslow y Damon Zappacosta.

Para aquellas que son parte integral de las complejidades de mi vida cotidiana, Emily Skillings, Ana Paula Simoes y Alison Granucci, gratitud inmensa.

Frances Coady, gracias por ser incomparable.

Un agradecimiento especial de todo corazón a mis colaboradores constantes, John Lucas y Ula Lucas, por su apoyo, amor y paciencia inquebrantables.

ÍNDICE

CPSIA information can be obtained
at www.ICGtesting.com
Printed in the USA
LVHW080324100223
738639LV00014B/2